そーた式！

まるでネイティブのような

「英語の発音」

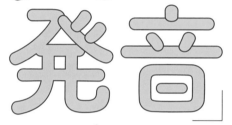

が身につく

魔法の法則40

40 Ultimate Rules of Pronunciation:
How to Sound Natural in English

英語のそーた

Gakken

発音が変わると全てが変わる

　発音を気にするがあまり、英会話に自信を持って挑むことが出来ず、さまざまな会話の機会を逃してしまった経験はありませんか？あるいは、適切な発音ができなかったことにより、自分の言いたいことを相手に聞き取ってもらえなかったことはありませんか？

　実は「発音」は英会話上達の要と言っても過言ではありません。正しい発音を身につければ、自分の英語に「自信」を持つことができます。自信を持つことで、積極的に会話の機会を手にすることができるようになり、「英語力の向上」にもつながります。また、正しい発音を身につけると、英語の音のしくみが理解できるようになり、「聞き取り力」も格段に上達します。つまり、**発音が変わると全てが変わり始める**のです。

発音学習に悩むあなたへ

　ところが、発音を自分1人の力だけで向上させることは至難の技です。では、発音をキレイにしようと思ったら、どのような学習があり得るでしょうか？「独力での発音学習」となると、おおよそ次のような感じになりがちではないでしょうか。

> **既存の発音学習**
> 1　ネイティブが発音する単語の音を感覚的に真似る
> 2　発音記号や音声学の理論を覚える
> 3　英単語帳などの「カタカナ発音」を頼りに読む

　ところが、これら独力の発音学習の場合、「その単語は読めるようになっても別の単語になると元通りになる（応用がきかない）」、「発音記号や音声学の理論が難しすぎて理解できない（挫折する）」、「カタカナ発音の域から抜け出せない」といった負の連鎖に陥る場合が非常に多く、実際にそうなっている学習者によく出会います。

　本書はこうした既存の発音学習につきものである「ハードル」を取り払うような学習法を提示したいという一心から、制作しました。こだわったのは、**❶応用がき**

き、❷挫折しづらく、❸一度体得すれば独力でさまざまな英文を正しい発音で読める、そんな発音メソッドです。これを本書では「魔法の法則」と題し、ひとつひとつ丁寧に解説していきます。専門的でとっつきづらい説明はなく、即効性があるため、自分の発音の変化に驚き、楽しみながら学習が続けられるはずです。

日本人による日本人のための発音メソッド

本書の最大の特徴は、日本語を母語とする話者の発音についつい残ってしまう「日本語の音」を除去して英語らしい音を作り出す方法が、日本語話者の視点から書かれているということです。ネイティブスピーカーが感覚的に解説する英語の発音は、私たち日本語話者にとっては、どこか掴みづらさのようなものがあります。

本書では、わたしたち日本語話者が「発音のどの部分を意識し、どう音を変えると英語らしい音になるのか」を、例文・レッスン音声・イラストなど、効果的な学習ツールを盛り込み、ひとつひとつを徹底的にこだわって解説しました。

魔法の法則が完成するまで

高校生の頃、洋楽に夢中になり、「どうすればネイティブのような発音で歌詞を口ずさめるようになるか」を必死に模索し続けた日々を、今でも鮮明に覚えています。そうした積み重ねが礎となり、大学生になると、YouTubeで洋楽を題材にした「発音解説動画」を配信するようになっていました。また、英語学習をテーマとしたSNSの投稿にも明け暮れました。

その後、学生起業を経て、全国を飛び回って英会話セミナーを開催。また、現在の本業でもある英会話コーチングを通じて、英語学習者に直接指導を行いながら、「誰もが発音を上達できる学習プログラム」を探究し続けました。そのため、本書「そーた式!まるでネイティブのような「英語の発音」が身につく魔法の法則40」として書籍化に至るまでに、構想期間も含めるとおよそ10年を要しました。

思いのたくさんつまった集大成が、誰かの心に深く残るモノになりますように。

留学はしなくても英語は絶対に話せる
英語のそーた

もくじ CONTENTS

本書の使い方 HOW TO USE

　本書では、ネイティブのような「英語の発音」を身につけるための法則を40挙げ、順に解説していきます。本書のすべての法則には著者本人による丁寧なレッスン音声が付いているので、自宅で英語の発音セミナーさながらの実践的なレクチャーが受けられます。

ページの基本構成

① 魔法の法則
英語の発音を身につけるための法則を8つのチャプターで計40個紹介しています。

② レッスン音声
QRコードを読み取ると著者の「英語のそーた」によるレッスン形式の発音解説を聴くことができます。

③ 音声つき例文 PRACTICE
発音のエッセンスが凝縮された例文を掲載。例文音声はアプリでも再生できます（➡音声のご利用方法はP.011）。

④ 解説文
各法則の内容をひとつひとつ丁寧に解説。レッスン音声とあわせて読むことをおすすめします。

⑤ イラスト図解
発音の仕組みを理解する助けになるようなイラスト図解を掲載。

おすすめの学習手順

STEP **1** 本文を読む／例文で発音トレーニングをする

まず、本文を読んで法則の内容を理解しましょう。本文には**発音練習用の例文PRACTICE** が掲載されて

> PRACTICE 次の例文を声に出して読んでみましょう。　TRACK 001
> # Hi, I am Tim.
> 訳 こんにちは、私はティムです。

います。実際に声に出して読んでください。その際、**この段階での自分の発音を録音しておくことを推奨**します。

STEP **2** レッスン音声と例文音声を聴く

次に、**レッスン音声**と**例文音声**を聴きます。発音習得の道は、❶**お手本を聴く**　❷**お手本をマネして声に出す**　❸**お手本と自分の発音の差を確かめる**、この「**❶〜❸を繰り返して徐々に自分の発音をお手本に近づけていく**」に尽きます。そのためにも、本書の音声は存分に活用してください。

🔊 音声にアクセスする方法

方法 1 お使いのスマホのQRコードリーダーでコードを読み取る

方法 2 専用アプリをダウンロード（詳しくは➡P.011を参照）し、アプリから音声を選んで再生する

方法 3 スマホをお持ちでない方 パソコンから音声データをダウンロードし、再生する（詳しくは➡P.011を参照）

STEP **3** 発音の変化を確かめる

ここまでの学習を終えたら、最後にもう一度例文を声に出して読み、それを録音してください。ここで大切なのは、 **STEP 1** で録音しておいた自分の発音と聴き比べてみることで「発音の変化」を実感することです。

STEP 1 〜 **STEP 3** までの手順を済ませたら、次の法則の学習へと進みましょう。本書では、無理なく学習ができ、そして、前に学習した法則の内容が次の法則の学習に活かせるよう、学習順にも工夫を凝らしています。ひとつひとつの法則を順にマスターし、着実に成果を積み上げていってください。本書の全ての学習を終える頃には、自分の発音に「たしかな自信」を持てるようになっているはずです。

例文は声に出して発音する

英語を「口にせず」に発音が上達することはあり得ません。
恥ずかしがらずにどんどん声に出しましょう。

自分の発音を
録音する

お手本となる音声と比較するため、
自分の発音を録音してみてください。
英語らしい音に近づけるのに必要なプロセスです。

学習するうえでのお約束

その 3

録音をした音声の 変化を確認する

 最初に録音した音声と学習後の音声、
その後にトレーニングを重ねた結果の音声を聴き比べ、
その変化を確認してください。その「差」に敏感になることが
英語の正しい音を習得するカギです。

◀｡ 音声のご利用方法

本書のレッスン音声および例文音声は、次の **1**〜**3** の方法で再生することができます。

方法

1 スマホでQRコードを読み取り、ブラウザ上で再生する

法則タイトルページに記載された ［🎧 レッスンを聴く！］ の表記の上にあるQRコードをスマホなどで読み取ると、各法則に該当するレッスン音声および例文音声をブラウザ上で再生することができます。

方法

2 音声再生アプリで再生する

右のQRコードをスマホなどで読み取るか、下のURLにアクセスしてアプリをダウンロードしてください。ダウンロード後、アプリを起動して『そーた式！まるでネイティブのような「英語の発音」が身につく魔法の法則40』を選択すると、端末に音声がダウンロードされます。

https://gakken-ep.jp/extra/myotomo/

方法

3 MP3形式の音声ファイルをダウンロードして再生する

上記のURLにアクセスし、ページ下方の【語学・検定】から『そーた式！まるでネイティブのような「英語の発音」が身につく魔法の法則40』を選択すると、MP3形式の音声ファイルがダウンロードされます。

！ ご利用上の注意点

お客様のネット環境およびスマホやタブレット端末の環境により、音声の再生やアプリの利用ができない場合、当社は責任を負いかねます。また、スマホやタブレット端末へのアプリのインストール方法など、技術的なお問い合わせにはご対応できません。ご理解をいただきますようお願いいたします。

CHAP

日本語のノドを
英語のノドに変える
魔法

まるでネイティブのような
英語の発音が身につく

そーた式
魔 法 の 法 則

№ **01**

口は大げさなくらいに
開く

Open your mouth wide.

PRACTICE 次の例文を声に出して読んでみましょう。

Hi, I am Tim.

訳 こんにちは、私はティムです。

※本書の PRACTICE では読み上げた音声を録音することを推奨します。

§英語をキレイに発音する"3つの基礎"

　はじめに、英語をキレイに発音する上で大切な"3つの基礎"のお話から始めるとしましょう。**英語は「口の開き」、「音の伸び」、「ノド声」が非常に大切**です。この3つはいわば土台のようなもので、この土台をしっかりと固めて発声をしないと、どれだけ単語の音読練習をしても、キレイに発音することはできません。そして、これから紹介していく 魔法の法則 の効果が発揮されにくくなります。

　その逆に、この"3つの基礎"をきちんと押さえることができれば、あなたの「日本語のノド」は「英語のノド」へと生まれ変わり、ネイティブのような発音を習得するための足がかりができます。

口の開き　　音の伸び　　ノド声

"3つの基礎"が大切な土台となる!

　ということで、まずは"3つの基礎"のうちの「**口の開き**」から練習してみましょう。

§英語は口の開きが命

　実は日本語を母語とする私たちは、英語を発音するときに口の開きがとても小さいことが多く、これが英語らしい発音から遠ざかってしまう要因の1つとなっています。なぜなら、**英語は日本語より口を大きく開いて話す言語**だからです。

　それにもかかわらず、多くの日本語母語話者は日本語を話すときと全く同じ、小さな口の開きのまま英語を話してしまっているのです。その結果、先ほど"3つの基礎"で挙げた「音の伸び」が消え、「ノド声」もうまくできなくなり、正しい発声ではなくなってしまっているというわけですね。

　大きな口の動きで話せば、「音の伸び」と「ノド声」も改善され、あなたの発音はより英語らしい音に近づきます。

　ではここで、英語と日本語の「口の開き」の違いを実際に感じてみましょう。次の単語を、ふだん読んでいる読み方で、日本語→英語→日本語→英語の順で上から声に出して読んでみてください。

日本語 (カタカナ)		英語
バッグ	➡	bag
テニス	➡	tennis
デスク	➡	desk
マウス	➡	mouse
サイン	➡	sign

　たいていの人はこれらの単語を日本語と同じ「口の開き」で読んでしまいます。

ここで TRACK 002 を聞いてみてください。同じ単語でも日本語と英語ではどこか聞こえ方が異なりませんか？ **その"違い"をもたらしているのが、何を隠そう「口の開き」なのです。**

>>> TRACK 002

口の開きだけで聞こえ方がこんなに違う！

§日本語で練習する

ではここで、少し面白い練習をしてみましょう。次の日本語の文をまずは、ふだん日本語を話すように声に出して読んでみてください。

PRACTICE ┊ 次の例文を声に出して読んでみましょう。　TRACK 003

私はティムです。

上の日本語の文を読んだときの「口の開き」を覚えておいてください。次にこの文を、あえて英語を話すときのように大きく口を開いて読んでみた場合と比較してみましょう。

わたしはティムです

▶ 英語の口の開きを取り入れた日本語の読み方

わーたーしーはーティームでーす

　TRACK 004 の **▶ 英語の口の開きを取り入れた日本語の読み方**を聞くと、**▶ 自然な日本語の読み方**に比べて、どこか聞こえ方が異なりませんか？　**▶ 英語の口の開きを取り入れた日本語の読み方**の方が、音がしっかり伸びているように聞こえるはずです。日本語の文でさえも、あたかも英語であるかのように聞こえてしまう、この「音の伸び」は大きな「口の開き」からきているのです。

　日本語でさえも口を大きく開けて読むと、英語のように聞こえるって面白いですよね。例えば、「あいうえお」を"口の先のほうだけを使って話す日本語"に対して、**「あーいーうーえーおー」といったイメージのような、"しっかりと「口の開き」を意識して話す英語"では大きな違いがある**わけです。

　つまり大切なことは、**「口の開き」を意識した上で、単語に「音の伸び」をしっかりつけてあげる**ことです。音声と一緒に、まずは日本語の「わたしはティムです」を、しっかり口を開いて読む練習をしてみてください。

　口を大きく開けて動かすほど、口周りの筋肉が発達していきます。最初は筋肉痛になる人も多いのですが、それこそが成長のあかしです。**まずは適当でも構わないので、とにかく口をしっかり開いて、自分なりに英語"っぽい"「口の開き」を意識**してみましょう。その基礎づくりが後ほど、あなたの発音に魔法がかかる"大切な土台"となりますからね。

⟫英語で「口の開き」を練習する

EXERCISE ： 次の例文をもう一度声に出して読んでみましょう。

Hi, I am Tim.

㋭ こんにちは、私はティムです。

※本書の **EXERCISE** はすでに **PRACTICE** で扱った例文へのリトライであることを意味しています。

　さて、それでは英語で例文を再び練習してみましょう。今回録音したものを聞いてみると、最初に録音したものからさっそく読み方に変化が出ていませんか？　**それぞれの単語の音がしっかりと伸びていれば、「口の開き」を意識できるように**なったあかしです！

　そしてこの**「口の開き」から来る「音の伸び」が、英語には決して欠かすことのできない大切な要素**なのです。どれだけ単語の音読練習をしたり、発音記号を覚えたりしても、英語らしい音にならなかった要因の1つはこれです。**英語は「口の開き」が命**なのです。

CHECK!

魔法の法則 № 01 ▷ 口は大げさなくらいに開く

☑ **英語は日本語より口を大きく開いて話すという意識が大事**

☑ **口を大きく開いて、単語に「音の伸び」をしっかりつける**

まるでネイティブのような
英語の発音が身につく

そーた式
魔法の法則

№ 02

音をしっかり伸ーばーす

Drawl at vowels and the letter R.

🎧 レッスンを聴く！

PRACTICE : 次の例文を声に出して読んでみましょう。　TRACK 005

How are you?　Are you OK?

訳 元気ですか？　大丈夫ですか？

《 伸ばし棒をイメージして発音する

　「音の伸び」が入った英語らしい音とは、文字の間に"伸ばし棒"が入っているようなイメージです。では、この伸ばし棒は単語の中のどこに入るのか？　つまり、どこで音を伸ばすのか？　上の例文を使って練習してみましょう。とりあえず、今はHow、are、you、OKのそれぞれの単語の発音の正しさは置いておいて、「口の開き」と「音の伸び」のみを意識して読んでみましょう。

▶日本語の口の開きが残った読み方　　　　　　　　　　　>>> TRACK 006

How are you?　Are you OK?

ハウ アーユー？　アーユー オーケー？

▶英語らしい読み方

How are you?　Are you OK?

ハ〜〜〜ウ ア〜〜〜 ユ〜〜〜？　ア〜〜〜　ユ〜〜〜　オ〜〜〜ウケ〜〜〜イ？

《 伸ばし棒が入る場所は母音と r の部分

　伸ばし棒が入る場所は、母音（アイウエオ）とrの部分です。例えば、howで説明してみましょう。この場合、howは「ハウ」ではなく、「ハ〜〜〜ウ」と文字の間をしっかり伸ばすと英語らしい音になります。単語のつづりを見るだけでは、どこに伸ばし棒を入れるか困惑してしまう方は、単語を一度カタカナ表記にしてみるとわ

かりやすいでしょう。カタカナ表記にして、単語の中の"母音とr
の部分"を伸ばして読むのがポイントです。

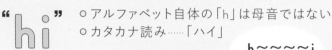

"hi"　○アルファベット自体の「h」は母音ではない
　　　　○カタカナ読み……「ハイ」

ハ＝ハ行＋ア ← 伸ばせる母音

h〜〜〜〜i
ハ〜〜〜〜イ

POINT　迷ったらカタカナ読みで母音を見つけよう!

▶母音とrの部分で音を伸ばす例

How are you? Are you OK?

Ho〜〜〜w ar〜〜〜e yo〜〜〜u? Ar〜〜〜e yo〜〜〜u O〜〜〜K?

ハ〜〜〜ウ　ア〜〜〜　ユ〜〜〜?　ア〜〜〜　ユ〜〜〜　オ〜〜〜ウケ〜〜〜イ?

※単語をカタカナ表記にしたときに母音がある部分と、rの部分が、音を伸ば
　す箇所だとわかります。

　発音の"土台づくり"においてこの**母音とrの部分を伸ばすクセを
つける練習は非常に大切です**。さらに言えば、**母音とrは英語をキ
レイに聞こえさせるアピールポイント**となります。「私、こんなに
音を伸ばせますよ〜、口を開けられますよ〜」とアピールするよう
に口に出してみましょう。TRACK 005と一緒に、母音とrを伸ばす意
識を持って、先ほどの例文をもう一度読んでください。

EXERCISE ：次の例文をもう一度声に出して読んでみましょう。

TRACK
005

How are you? Are you OK?

🈡 元気ですか?　大丈夫ですか?

〰️ 音はしっかり伸びているか

　ここで、最初に録音した自分の音声を聞いてみることをオススメします。母音と r が伸びておらず、「口の開き」と「音の伸び」が“意識”できていなかったのではないでしょうか？　でも、2度目以降の録音では、音が変わっていませんか？

　このように自分の課題が何かを意識できると、発音はみるみる上達していきます。上達のカギは“課題を把握”し、“適切なアプローチ”で“1つずつクリア”していくことです。

　コツがつかめたところで、すかさず別の例文で練習してみましょう。

PRACTICE ┊ 次の例文を声に出して5回読んでみましょう。

TRACK
007

This is wonderful. I love it!

🄬 すごい。すごく気に入りました！

▶ 英語らしい読み方のイメージ

Thi〜〜〜s i〜〜〜s wo〜〜〜〜nder〜〜〜fu〜〜〜l.
ディ〜〜〜ス　イ〜〜〜ズ　ワ〜〜〜〜ンダ〜〜〜フ〜〜〜ル

I〜〜〜 lo〜〜〜〜ve i〜〜〜t!
ア〜〜〜イ　ラ〜〜〜ヴ　イ〜〜〜ット

※まずは「音の伸び」のトレーニングを目的とし、便宜上、それぞれの単語の正しい発音は意識しないでカタカナ表記をしています。

wonderfulのように単語の中ほどにある r は、「音の伸び」を忘れてしまう典型的な箇所です。r の「音の伸び」を忘れないようにしっかり意識しましょう。そして、よく主語で使う代名詞の I も「アイ」ではなく「ア〜〜〜イ」です。

このように母音と r を徹底的に伸ばすクセをつける練習が、あなたの英語に「音の伸び」をつくる基礎づくりには欠かせないのです。「音の伸び」に慣れるまでは、まずは先ほどのように、母音と r の後ろに「**伸ばし棒**」を入れたイメージを頭に思い浮かべて発音しましょう。

では、次の例文を「口の開き」 魔法の法則 No.01 と「音の伸び」 魔法の法則 No.02 の両方を意識して読んでください。

PRACTICE : 次の例文を声に出して読んでみましょう。

TRACK
008

I was working so hard.
訳 すごく一生懸命がんばったんです。

▶ 英語らしい読み方

I〜〜〜 wa〜〜〜s wor〜〜〜ki〜〜〜ng so〜〜〜 har〜〜〜d.
ア〜〜〜イ　ワ〜〜〜ズ　ワ〜〜〜キ〜〜〜ング　ソ〜〜〜　ハ〜〜〜ド

〘自信をもって発音しよう!

　そろそろ「音の伸び」のイメージがつかめてきたころではないでしょうか?　**母音と r に意識を向け、口を大きく開けて音を伸ばすと英語らしい音に一歩近づきます**。そして、何よりも相手に聞き取ってもらいやすくなるはずです。

　また、何よりも「自信」を持って発音するようにしてください。**自信がないと「口の開き」が小さくなり、「音の伸び」もなくなります**。単語の1つ1つの音をキレイにする法則は┃CHAPTER 2 から細かく解説していくので、まずは自信を持って、口を大きく開けて音を伸ばしましょう。

自信がない・・・　　　自然と口が開く　　　音も伸びる!

自信

h～～～～i
ハ～～～～イ

POINT　自信は発音に影響を与える!

CHECK!

魔法の法則 № 02 ＞ 音をしっかり伸ーばーす

☑ **母音と r の後に伸ばし棒を入れるイメージでしっかり伸ばす**

☑ **自信を持って口を開き、音を伸ばす**

＼そーたのアドバイス!／

「母音と r で伸ばす」ことを仮に忘れても、とにかく"口を大きく開けて"
"音を伸ばす"意識さえ持っていれば自然と、伸びのある英語になるで!

レッスンを聴く！

まるでネイティブのような
英語の発音が身につく

そーた式
魔法の法則

№ 03

日本語を話す外国人になりきる

Find characteristic ways native English speakers speak.

外国人…

英語と日本語の発音の違いを体感する

　英語のネイティブスピーカー（主に英米人）がカタコトで話す日本語を思い浮かべてみましょう。日本語を母語とする人が話す英語に"日本語らしい口の開き"が残ってしまうように、英語のネイティブスピーカーの話す日本語にも"英語らしい口の開き"が残っていることはよくあります。これをヒントに、「英語らしい音の特徴」をつかんでみましょう。

PRACTICE : 次の例文を声に出して読んでみましょう。

TRACK **009**

私はチキン南蛮が大好物なんです。

　TRACK 010 の発音を聞きながら、上の例文を▶**自然な日本語の読み方**と、▶**英語らしい口の開きでの読み方**（カタコト）と、2通りで読んでみましょう。

▶**自然な日本語の読み方**　　　　　　　　　　　　　　>>> TRACK **010**

　わたしは、チキンなんばんが、だいこうぶつ、なんです

▶**英語らしい口の開きでの読み方**

　わたーしは、チーキーン、なーんばーんが、だーいこーうぶーつ、

　なーんでーす

　"日本語らしい口の開き"と"英語らしい口の開き"の違いを体感できましたか？　このように、**日本語を"英語っぽく"読むことでも、「口の開き」と「音の伸び」を練習することが可能**なのです。この違いを意識して、お菓子のパッケージやお店の看板など、身の回りの日本語の文をあえて"英語っぽく"読んでみてくださいね。

そして、「口の開き」以外の「英語らしい音の特徴」も、この練習法から感じてみてください。日本語と英語の音の違いを、まずは十分に理解することが大切です。

日本語の特徴	英語の特徴
単語がパンパンパンと速く読まれる	単語が伸ばして読まれる
1つ1つの音が独立している	音と音がくっついている
口の動きが小さい	口の動きが大きい
音にリズムがない	音にリズムがある
口先だけで話す	ノドの奥から話す
声が高い	声が低い

日本語を英語っぽく読もう！

た～～こ～～
や～き～
た～べ～た～い

と～り～が～
と～んで～
ま～す

POINT 伸びを意識！

CHECK!

魔法の法則 No 03 > 日本語を話す外国人になりきる

☑ 英語らしい発音の特徴を確認する

\そーたのアドバイス！/

まずは「英語と日本語がどう異なるか」を知らんと、キレイな発音は手に入らへんから！英語の音の特徴をしっかり覚えていってや～！

🎧 レッスンを聴く！

「お疲れボイス」で
ノドを開く

Relax your throat when speaking English.

I am tired today, so I will go to bed now.

(訳) 今日は疲れたので、もう寝ます。

ノドを開いて発声する

　ここまでは"3つの基礎"のうちの「口の開き」と「音の伸び」の2つに着目してきましたが、次はいよいよ「ノド声」に着目してみましょう。ここまでで、「口の開き」や「音の伸び」を意識して英文を読むようになっても、まだどこか日本語らしい音が残っていませんか? 実は、"英語っぽく"話すには、もう1つ大切な要素があるのです。それは**「ノド声」で話し続けること**です。

　英語はノドの奥から発声する言語です。言い方を変えると、"ノドを開いて発声"するといったところでしょうか。その発声こそが「ノド声」です。この体得には少々コツがいります。その**"ノドを開いて発声する"コツとは、ずばり「めちゃくちゃ疲れた人」になりきること**です。

ノドを開いて発声するコツ

あああーーー
疲れたーーー
あ゛あ゛あ゛ーー

⟩⟩ 「お疲れボイス」を絞り出す

まずは、「ノドの使い方」のトレーニングをしてみましょう。

このノドを開いて発声する「ノド声」のイメージは、**本当に疲れたときにノドから絞り出すあの声**ですね。ではやってみますよ。さぁ、恥ずかしがらずに。周りに誰もいないことを確認して。せーの！ 「あ゛あ゛あ゛ーーー疲れたーーー」(すさまじく疲れた声)。「ノドを開いて発声する」感覚を意識してもう一度。せーの！

⟩⟩⟩ TRACK **012**

「お疲れボイス」を出してみよう！

あああ---
疲れた---
あ゛あ゛あ゛--

ノドの奥から出す！

魔法の法則 No.01 や 魔法の法則 No.02 が身についていると、よりいっそう効果的です。口を大きく開けて、音を伸ばして読むと、自然とノドも開きやすくなります。実は**英語を話すときは、この「めちゃくちゃ疲れた人」になりきり、ずっとノドを開いたまま話し続けないといけない**のです。それが「ノド声」で話すということです。

それでは、もう一度最初の例文に戻ります。

EXERCISE : 次の例文をノドを意識してもう一度読んでみましょう。

TRACK
011

I am tired today, so I will go to bed now.

訳 今日は疲れたので、もう寝ます。

　このセクションの最初にこの例文を読んだときと、今読んだときでは、ノドの使い方に変化が出ていませんか？ **この「ノド声」を意識し続けて英語を話すことが大切**なのです。

§「ノド声」は1日にして成らず

　この「ノド声」は、練習すればするほど上達します。ですが、僕の経験上、**習得までに結構な時間がかかります**。ですから、すぐにできるようにならなくても大丈夫ですので、とにかく、**「ノドを開いて話す」を意識して発声する練習**を、毎日スキマ時間にやってみてください。次第に「英語のノド」に変わってくるはずです。

CHECK!

魔法の法則 № 04 ＞ 「お疲れボイス」でノドを開く

☑ 口を大きく開けて話す

☑ 音をしっかり伸ばして話す

☑ ノドを奥からしっかり開いて話す

☑ 「ノド声」のコツはお疲れボイスを絞り出す

＼そーたのアドバイス！／

ノド声習得にはすごく時間がかかる。でもぼくも昔、毎日ノドを開いて読む練習していたら、「今日ノド開きやすい!!」って日が突然きたで。

🎧 レッスンを聴く！

気分は「イケボ」で低い声を意識

Speak in a lower, deeper voice when speaking English.

PRACTICE 次の例文を「ノド声」で読んでみましょう。

TRACK 013

I like to study English and play tennis.

㊞ 英語の勉強とテニスが好きです。

「低いイケボ」が発音のカギ

「英語のノド」に関わる法則をもう1つお伝えします。魔法の法則 No.04で紹介した「めちゃくちゃ疲れた人」になりきって発声する方法に、もう少しスパイスを加えるのが今回の法則。それは「**低いイケボ**」です。

※イケボ＝「イケてるボイス」「イケメンボイス」の略

声をなるべく低くし、イケボのイメージで発声することにより、より英語らしい音を出せるようになります。これは、**英語が日本語よりも低い声で発声される**ためです。ここで、著者そーたが大学時代に経験した面白いエピソードをご紹介しましょう。

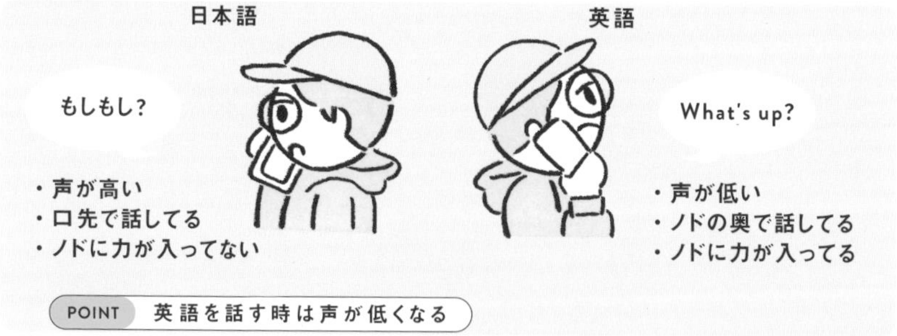

日本に住む男性の外国人留学生Bさん（英語のネイティブスピーカー）と電話で話そうとしたときのことです。彼はいつも英語を話すときはとてもイカつい、カッコイイ声で話すため、そのイメージで電話をかけました。

しかし、「もしもし」と日本語で電話に出た彼の声はあまりにも高く、かけ間違いを疑い、思わず「Are you Bさん?」と聞いてしまいました。その質問に彼は英語で「Yes? What's up?」と答えたのですが、そこで初めて彼のいつもの"低いイケボ"を聞き、かけ間違いではなかったことを確認できました。この例が典型的で、**英語は日本語よりも低い声**で発声されるのです。

これは女性の場合も変わらず、同じくそーたが学生時代、女性の外国人留学生（英語のネイティブスピーカー）と話したときにも、同様の経験をしました。日本語を話すときは、高くて、か細い声が、英語に切り替わった途端に低くなり、声の印象が一変しました。

〰 英語はノドから発声するから声が低くなる

皆さんも今まで気に留めていなかっただけで、同様の場面に遭遇しているはずです。例えば、英語が母語の海外アーティストが来日したところをニュースで見ていたときのことを思い出してみてください。彼らが英語で話すときと、カタコトの日本語で「コンニチハ、ニッポンダイスキ」と言うときでは、声の高さに違いがありませんでしたか？　先ほどと同様に、英語を話すときの声は低く、日本語を話すときの声はそれよりも高くなっていたはずです。

さて、英語を話すとき声が低くなる理由ですが、それは簡単です。ノドから発声するからです。「めちゃくちゃ疲れた人」になりきったときに言った「あー疲れた」も、自然と声は低かったはずです。

声を低くすればするほど、ノドは開きやすくなり、「英語のノド」の発声により近づきやすくなります。それだけ、「英語のノド」と「日本語のノド」の発声には、大きな違いがあるということですね。

声を低くすればするほど"英語のノド"に！

what's up...?

　では、最後に「口を大きく開けて」、「音を伸ばして」、「ノド声で」、「声を低くして」、次の例文読んで録音してみましょう。これで発音の基礎の"土台作り"は完成です。そして、これまで録音した全ての音声との発声の違いを聞き比べてみてください。「英語のノド」にぐっと近づけているはずです。

EXERCISE 次の例文を「英語のノド」で読んでみましょう。

TRACK 013

I like to study English and play tennis.

㊙ 英語の勉強とテニスが好きです。

CHECK!

魔法の法則 № 05 ＞ 気分は「イケボ」で低い声を意識

☑ **口を大きく開けて話す**

☑ **音をしっかり伸ばして話す**

☑ **ノドを奥からしっかり開いて話す**

☑ **声を低くするとノドが開きやすくなる**

＼そーたのアドバイス！／

"土台作り"はひとまず完成したんやけど、「口の開き」「音の伸び」「ノド声」はつい忘れてしまいがちやねん。これ以降も絶対忘れんとってや？

「ノド声」のもう1つのコツ

ノドを開いて発声するコツとして、「お疲れボイス」をご紹介しました。それに加えて、もう1つのコツ「あくびボイス」もご紹介しておきましょう。あくびをするときの感覚は、ノドを開くときの感覚と近いものがあります。眠気を催して、大きなあくびをするときのことを思い出してみてください。あるいは、今、あくびをしようと口を大きく開いてもらってもかまいません。口を開いて「あくびが出そう！」となるあの瞬間、ノドがキュッと開くような感じがしませんか？あれが「ノドを開いて発声する」感覚です。

しかし、この発声に慣れていないとついつい、普段の「ノドを開かない日本語」の発声に戻ってしまいます。そうならないためにも常日頃から、「お疲れボイス」や「あくびボイス」を意識しながら音読をする練習をしてみてください。コーチング経験の中で、最初はノド声を上手く出せなかった方も、意識を持って練習しつづけることにより、非常にキレイな「英語のノド」に変わった方をたくさん見てきました。英語のノドを体得すると声の質が大きく変わるのです。そして、英語学習において、"意識を持つこと"は非常に大切です。意識を持って練習をしつづければ、必ずその変えたい部分が変わってきますからね。

CHAP

母音のズレ編

日本語のあいうえおを英語のアイウエオにする魔法

まるでネイティブのような
英語の発音が身につく

そーた式
魔法の法則

№ 06

母音を巧みにズラす

Change "アイウエオ" in *katakana* English into English vowel sounds.

PRACTICE 次の例文を声に出して読んでみましょう。 TRACK 014

① **This is his hat.**
訳 これは彼の帽子です。

② **He listens to the song.**
訳 彼はその歌を聞きます。

③ **Emily is having dinner.**
訳 エミリーは夕食中です。

母音をズラすと発音は劇的に変わる

CHAPTER 2 で取り上げる一連の「母音をズラす」法則こそが、本書ならではの、いわば“とっておき”の魔法の法則と言うべきものです。体得すれば、あなたの発音が劇的に変わります。今回録音した例文の音声は魔法の法則 No.12まで取り組んだ後に、必ず聞き比べてくださいね。劇的な変化に驚くはずです。

まず、「母音をズラす」とはどういうことか？　日本語との比較から説明していきますね。次の文を自然な日本語の発音で読んでみましょう。

PRACTICE 次の例文を声に出して読んでみましょう。 TRACK 015

私は大阪と東京に行ったことがあります。

次に、この文を魔法の法則 No.03でやったときのように、英語のネイティブスピーカーがカタコトの日本語で話しているイメージで読んでみましょう。

そして、TRACK 016 の発音と聞き比べてみてください。「口の開き」、「音の伸び」、「ノド声」以外にも、どこか違う点が見つかりませんか？

▶日本語らしい読み方

>>> TRACK 016

わたしは、おおさかととうきょうに、いったことがあります

▶英語らしい読み方

ウェアテァシェウェア、オウセェケケトウ、トーウキヨーウネ、エッテェアコ
ウトウゲァ、エァウェメェアスィゥ

TRACK 016 の ▶英語らしい読み方をカタカナで表記してみましたが、文字で見るとまるで呪いの言葉のようですね（笑）。|CHAPTER 1 では、日本語と英語には「口の開き」、「音の伸び」、「ノド声」、「声の低さ」といった「発声」の違いがあると紹介しました。実は、それに加えてもう1つ大きな違いがあります。それは、**母音（アイウエオ）**です。もっと細かく言うと、日本語と英語の「**母音のズレ**」です。この**母音（アイウエオ）を日本語の音のまま読んでしまうと、英語に日本語らしさが残ってしまう**のです。

「大阪」や「東京」といった日本語の単語も、日本語母語話者が読むものと、英語のネイティブスピーカーが読むものでは、発音が異なりませんか？　日本語母語話者が「おおさか」、「とうきょう」

と言うのに対して、英語のネイティブスピーカーは「オーウセェーケェ」、「トーウキョーウ」と言うことを不思議に感じたことがある人も少なくないと思います。

この違い、すなわち「母音のズレ」には、実はネイティブらしい発音に近づくためのヒントが隠されているのです。"ズラし方"には法則とコツがあります。ここで「**魔法の母音ズラし表**」の出番です。

魔法の母音ズラし表	
日本語	英語
1　ア (a)	エア（アとエの間）
2　イ (i)	エ
3　ウ/ウー (u)	イウ
4　エ (e)	めちゃくちゃ疲れた人のエ
5　オー (o)、オ (o)	めちゃくちゃ疲れた人のオーウ、ア

§発音記号・フォニックスとの比較

次の 魔法の法則 №.07 から《**魔法の母音ズラし表**》を細かく解説していきますが、その前に《**魔法の母音ズラし表**》が何を目指しているのか、発音記号やフォニックスと比較しながら説明しておきますね。

❶発音記号

英語学習において発音記号は大切です。**発音記号**を覚えれば、英単語の読み方がわかり、発音の"しくみ"を知ることができます。

しかし、"しくみを知る"ことと、"キレイな発音を体得する"ことの間には大きな隔たりがあります。英語と日本語という、発音が大

きく異なる言語間では、**どれだけ英語の“発音のしくみ”を発音記号で学んでも、どうしても日本語の音のクセが弊害となり、本当の英語の音を“体得”することが難しくなってしまう**のです。

例えば、sick、twoで見てみましょう。発音記号ではsickの発音は[sík]、twoは[túː]と表記されます。そして、[ɪ]や[uː]の音はしばしばこのように説明されています。

[ɪ]：日本語の「エ」の口で「イ」と発音する
[uː]：唇を突き出して「ウー」と発音する

では、この説明通りにsickを実際に発音してみてください。たいていの日本語母語話者は、[ɪ]を口を「エ」にして、日本語と全く同じ「イ」の音で発音してしまうはずです。なぜなら、「イ」と言われると、どうしても日本語の「イ」の音のクセから、**どれだけ口は「エ」の形になっていても、結局、音は日本語と同じ「イ」になってしまう**からです。そして、**sickを「シック」と発音してしまうはずです**。

続いて、twoも発音してみましょう。先ほどと同様、[uː]も発音記号の説明通りに唇を突き出すことはできても、結局は日本語と同じ「ウー」になってしまっているはずです。ですが、実際の英語のtwoの発音も「トゥー」ではありません。

実際に、**TRACK 017**で発音を聞いてみてください。

1 sick　　　2 two　　　　　　　　　　>>> TRACK **017**

　実際の英語の発音ではsickは「セック」、twoは「ティゥー」のような音に聞こえませんか?　これが後述する本書の「**母音のズレ**」です。

　このsickの [ɪ]（カタカナ読みしたときに「イ」になる音）や、twoの [uː]（カタカナ読みしたときに「ウ/ウー」になる音）を日本語の母音からズラすという感覚が極めて重要です。そして、この「母音のズレ」はこの単語だけの話ではなく、どの単語の母音を読むときにも適用されます。

　こうした**発音記号から"発音のしくみ"を知るだけではカバーしきれない、"実際の英語の音"を体系的にまとめたものが《魔法の母音ズラし表》**です。なおかつ、誰もが実践しやすいように、なるべく簡素化して作ったものなので、日本語と英語の音の差異を意識しながらトレーニングができ、"リアルな英語の音"を体得するにもってこいの表なのです。

❷フォニックス

　続いて、フォニックスについても触れておきます。今後、皆さんが英語学習をしていく中で、フォニックスを学ぶこともあるかもしれません。**フォニックスも"単語の読み方"を知るには良い方法ですが、"発音をキレイにする"という点では少々注意が必要**です。

　フォニックスは、いわば、「ひらがな50音」の英語版のようなもので、アルファベットの1つ1つの文字がどのように読まれ、それらを組み合わせると読み方がどうなるのかを学べます。例えば、単語 sit を読みたいとしましょう。次ページの表の Ss の項目を見ると「ス」、Ii の項目を見ると「イ」、Tt の項目を見ると「トゥ」とカタカナ表記されています。それを組み合わせて「sit：スィットゥ」の読

み方を知ります。また、「アルファベットのこの文字とこの文字が組み合わさると○○という音になります」というルールも教えてくれます。例えば、"oとwがくっついてowとなると「アウ」と読む"といったしくみです。

しかし、日本のフォニックス教材は、必ずと言っていいほどカタカナ表記で説明がされています。そのカタカナ表記のされ方に落とし穴があるのです。

フォニックスでの読み方						
Aa [æ] エア	**Bb** [b] ブ	**Cc** [k] ク	**Dd** [d] ドゥ	**Ee** [e] エ	**Ff** [f] フ	**Gg** [g] グ
Hh [h] ハ	**Ii** [i] イ	**Jj** [dʒ] ジュ	**Kk** [k] ク	**Ll** [l] ル	**Mm** [m] ム	**Nn** [n] ヌ
Oo [o] オ	**Pp** [p] ブ	**Qq** [k] ク	**Rr** [r] ル	**Ss** [s] ス	**Tt** [t] トゥ	**Uu** [ʌ] ア
Vv [v] ヴ	**Ww** [w] ウォ	**Xx** [ks] クス	**Yy** [j] ユ	**Zz** [z] ズ		

カタカナで表記すること自体に問題はないのですが、その表記のされ方では、日本語母語話者がキレイな発音を"体得する"ことが難しいという一面もあります。その理由は、**フォニックスに書かれているカタカナによる説明では、結局は日本語の音のクセが弊害となり、実際の英語の音を出すことは難しい**からです。

もう一度、sit を例に見てみましょう。表の Ss の項目を見ると「ス」、Ii の項目を見ると「イ」、Tt の項目を見ると「トゥ」とカタカナ表記されています。それを組み合わせてsitという単語を読むと…

「スィットゥ」となります。しかし、これも先ほどのsickと同様に、**実際の英語の [ɪ] の音は「イ」ではありません**でしたよね。sitの実際の英語の音をあえてカタカナで表すならば「セットゥ（スェットゥ）」が最も近い音です。

❸《魔法の母音ズラし表》の目的

　つまり、**発音記号もフォニックスも単語の読まれ方の"しくみ"を知るにはとてもよくできている**のですが、**"発音をキレイにする"という点まで考慮に入れると、万能ツールとは言い難い面もある**のです。

　そこで、《魔法の母音ズラし表》の出番です。これは実際の英語の母音をより忠実にカタカナで再現するならば、どのような音になるのかを表しています。では、魔法の法則 №.07 からは《魔法の母音ズラし表》を使って発音を変えていきましょう。

I took this picture
アイ トゥック ディス ピクチャー

母音ズラしたかな？

POINT　母音を意識できると発音は劇的に変わる

CHECK!

魔法の法則 № 06 ＞ 母音を巧みにズラす

☑ 日本語の母音と英語の母音は違う音

☑ 日本語の母音を「ズラす感覚」を持つと英語の母音になる

まるでネイティブのような
英語の発音が身につく

[そーた式]
魔法の法則

№07

ア（a）はアとエの間の
エアにズラす

Pronounce " ア " like " エア ."

PRACTICE 次の単語を声に出して読んでみましょう。 TRACK 018

1 bag バッグ	2 happy 幸せな	3 sad 悲しい	4 rabbit ウサギ	5 catch 〜をつかむ
6 can 〜できる	7 at 〜で	8 passion 情熱	9 after 〜の後で	10 about 〜について

魔法の母音ズラし表

	日本語	英語
1	ア (a)	エア (アとエの間)
2	イ (i)	エ
3	ウ/ウー (u)	イウ
4	エ (e)	めちゃくちゃ疲れた人のエ
5	オー (o)、オ (o)	めちゃくちゃ疲れた人のオーウ、ア

カタカナ読みを基準に考える

はじめに、1つ大切なお話があります。**本書の発音の法則は、必ずまずは"カタカナ読み"を基準**にしながら考えてください。

例えば、**《魔法の母音ズラし表》**の「ア (a)」の行を見てください。これは「英単語をカタカナ読みしたときのアの音はエア (アとエの間) の音にズラす」ことを示しています。**英単語をまずはカタカナ英語で読んでみたときの音と、実際の自然な英語の音がどれだけ異なるのか**、そして**そのカタカナ読みした日本語らしい音を、どう変えれば (どうズラせば) 英語らしい音に変わるか**のテクニックを表しています。

具体例で説明しましょう。bag、happyという単語の発音をまずは
カタカナ英語で読んでみてください。「バッグ」、「ハッピー」となりますよね。これをどのようにすれば英語らしい音に変えることができるのかというと、表の1に照らして、「**バッグ：ba**g」、「**ハッピー：ha**ppy」の**母音「ア（a）」の部分を「エア（アとエの間）」の音にズラします**。

　そうすると、「**ベエア**ッグ」、「**ヘエア**ッピー」と読めばいいことがわかります。このように、まずは英単語を一度カタカナ読みしてから、その音を基準に、どのようにすれば英語らしい音に変わるのかを本書で解説していきます。それにより、自分の発音のどこに日本語なまりの音が残ってしまっているのかも気づきやすくなります。

　となると、単語の中の全てのaを「エア（アとエの間）」と発音するという意味ではないということになります。例えば、becomeの過去形である**became**や**water**にも**aの文字が入っていますが、これらのaは「エア（アとエの間）」の音にズラしません**。なぜなら、これらのカタカナ読みは「**ビケイム：be**ca**me**」、「**ウォーター：wa**ter」で、aのカタカナ読みが「エイ」や「オー」の音になるからです。

　このように、英単語中にあるアルファベット「aiueo」の文字を基準に考えるのではなく、英単語の中にあるカタカナ読みの「アイウエオ」をいったん基準に考えることを念頭に置いて読んでください。

　長年かけて頭に染み付いてしまったカタカナの音のイメージをぬぐい去るのは一朝一夕にはいきません。一方で「正しい英語の音」を耳で繰り返し覚えようとするにも、独学だとなかなかハードルが高いのも事実です。むしろ、カタカナで染み付いた単語の"誤った音"は、カタカナを使って"正しい音"に修正していく方が、私たち日本

＼そーたのアドバイス！／
正しい発音を「耳から感覚的に覚えられる」のは幼少期のみと言われてるで。
だから、年齢が上がれば上がるほど「理論的に覚える」必要があるねん。

人には理解しやすく、それをメソッド化したのが本書で紹介している 魔法の法則 です。

バッグ
ア

bag
バッグ

アって言って
しまった!

ア → エア

bag
ベェアッグ

POINT　カタカナを使うと"誤った音"を見つけやすい

〰 「ア(a)」を英語らしい発音にする

では、ここからが「母音をズラす」テクニックの本題です。まずは「ア(a)」から練習してみましょう。単語を**カタカナ読みしたときに「ア」と発音をする部分は、音を「エア」にズラして発音すると英語らしくなります**。

それでは、「ア」を「エア」の音にズラす練習をします。**コツは「エ」から「ア」の順で口を開いていくこと**です。そして、CHAPTER 1 の「英語のノド」も絶対に忘れないでください。 魔法の法則 №.01〜05 で練習した「口の開き」、「音の伸び」、「ノド声」の"3つの基礎"がここでも活きてきます。**しっかりと口を開き、音を伸ばして、ノド声のイケボで発声することを意識すると、キレイな「エア」の音が出ます**。

口の開き、音の伸び、ノド声も忘れずに!

エ　　　ア　　　　　　　　　　エア

くっつけて
速く読む

GOOD!

ここで、魔法の法則 No.06 に出てきた例文を読んでみましょう。

EXERCISE : 次の例文をもう一度声に出して読んでみましょう。
TRACK 014

① **This is his hat.**
訳 これは彼の帽子です。

② **He listens to the song.**
訳 彼はその歌を聞きます。

③ **Emily is having dinner.**
訳 エミリーは夕食中です。

　まず、例文の中で、カタカナ読みしたときに「ア」の音で読む単語を見つけてみましょう。そうです。hat「**ハット**」とhaving「**ハヴィング**」ですね。これらの単語をカタカナ英語の「ア」のまま発音してしまうと日本語らしい音が残ってしまいます。**英単語をカタカナ表記したときに「ア（a）」となるものは、基本全て「エア」にズラす**と考えましょう。（例外は後ほど説明します。）

　一般に、英語の母音は30種類近く存在するとされ、その中の「ア」にあたる母音だけでも多数存在します。しかし、本書ではどなたでも簡単に、ネイティブのような発音を体得してもらうために、その**母音の細かい区別をあえて簡素化**します。

　たくさんの母音を区別して覚えようとするがあまり、頭が混乱してしまい、結局英語らしい音を習得しづらくなってしまうというのは"あるある"なのですが、**英語をきれいな発音にする上では、「ア」にあたる英語の母音は2種類を覚えるだけで十分**です。1つは「エアにズラす」、もう1つは 魔法の法則 No.12 で説明しますね。

　それでは次に、hatとhaveを「日本語らしい読み方」と「英語らしい読み方」で読み比べてください。

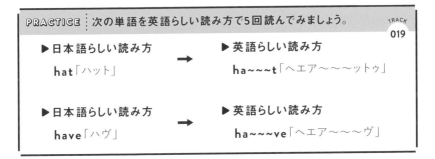

PRACTICE｜次の単語を英語らしい読み方で5回読んでみましょう。

TRACK 019

▶日本語らしい読み方
hat「ハット」

➡

▶英語らしい読み方
ha~~~t「ヘエア〜〜〜ットゥ」

▶日本語らしい読み方
have「ハヴ」

➡

▶英語らしい読み方
ha~~~ve「ヘエア〜〜〜ヴ」

〰 母音のズレを意識

　もう一度 魔法の法則 №.06 の例文と、 魔法の法則 №.07 の単語を読んでみましょう。そして、可能な限り録音して、最初の音と聴き比べてみましょう。

EXERCISE｜次の例文をもう一度声に出して読んでみましょう。

TRACK 014

① **This is his hat.**
　㉙ これは彼の帽子です。

② **He listens to the song.**
　㉙ 彼はその歌を聞きます。

③ **Emily is having dinner.**
　㉙ エミリーは夕食中です。

初めて読んだときと今では読み方に変化が出ていませんか？　この「母音のズレ」をこの調子で体得していきましょう。

§「ア（a）」の音は基本的に「エア」

　ここで、発音をある程度学んだことがある方は疑問に思われたのではないでしょうか？　bag、sad、happy、rabbit、catch、cannot、at、passion、afterの「ア（a）」の発音記号 [æ] と、aboutの「ア（a）」の発音記号 [ə] は違うよね？　と。はい、違います。しかし、これが先述した、どなたでも体得しやすいように"あえて簡素化したルール"です。

※本書では発音記号を用いた解説は行いません。ここで出てくる発音記号の区別を覚える必要はないのでご安心ください。

　私たち日本語母語話者がネイティブのような英語の発音を体得するには、カタカナ読みをしたときに「ア」と読む a の音は、後ほど述べる例外ルール以外、**全て「エア」に統一して構いません**。「ア（a）」の音を多数区別しなければならないと考えると、かえって混乱してしまい、結果的に発音が上達しづらくなるのです。もっとルールをシンプルにしましょう。

　一般的にはaboutのaの発音は [ə]（口を軽く開いて弱く「ア」と発

音する）と言われています。しかし、**英語をキレイに聞こえさせる**
という目的では、「口を軽く開いてア」も「エア」もさほどの違いは
ありません。

　なぜなら、この [ə] の音はアクセントのない部分に置かれるこ
とが多く、アクセントのない部分に置かれると、この音は素早く発
音されて目立った音にはならないからです。つまり、その部分を**「口**
を軽く開いてア」で読んでも、「エア」で読んでも、聞こえ方に大き
な違いは生じないということです。

「エア」にすることでノドが開きやすい

　「ア（a）」は「エア」で発音するという意識を持つと、日本語の
典型的な音である「ア」から離れ、より英語らしい発音に近づくこ
とができます。なぜなら「エア」で読むことにより、ノドがしっか
り開き、「英語のノド」で発声しやすくなるからです。

　"口を軽く開いた弱い「ア」の発音"と"「エア」の発音"を実際に声
に出して発音してみてください。後者の方が、口を大きく開く分だ
け、ノドがしっかり開いているのを感じることができると思います。
この「ノドからの発声で出る母音」への変化こそが、日本語の母音
との「ズレ」で、この**「母音のズレ」が英語の発音には必要不可欠な**
要素なのです。

a を「エア」にズラさないパターン

　ただし、「ア（a）」を「エア」にズラしてはいけない場合もあります。
次にこれを説明していきすね。

Sam became happy after his cat came back home.

訳 サムはネコが家に帰ってきてうれしくなりました。

　この文に含まれる単語のうちカナカナ読みすると、**Sa**m「**サ**ム」、ha**pp**y「**ハ**ッピー」、**a**fter「**ア**フター」、**ca**t「**キャ**ット」、**ba**g「**バ**ック」はaを「ア」と発音します。このカタカナ読みしたときに「ア」と発音をするaは「エア」にズラすのでしたね。

　それでは、aを「エア」にズラしてはいけない例外パターンを見てみましょう。

例外パターン ①

カタカナ読みしたときにそもそも「ア」と読まない a → 「エア」にならない

bec**a**me/ f**a**vorite/ w**a**ter/ **a**lways/ **A**ugustなど

　これらはつづり字がaでも、カタカナ読みが「ア」にならないものです。例えば、becameという単語にもaが含まれますが、becameはカタカナ読みすると「ビ**ケイ**ム」となり、aは「エイ」と読み、「ア」とは読みません。w**a**ter「**ウォー**ター」のaも「オー」で「ア」と読まないので、「エア」にズラしません。

POINT あくまでカタカナ読みして「ア」となるA/aのみズラす

became	favorite	water
ビ**ケイ**ム	**フェイ**ヴァリット	**ウォー**ター

aが「ア」の音に
なってないな…

例外パターン ②

カタカナ読みしたときに「ア」と読むがつづり字がoとu →「エア」にズラさない

some/ fun/ up/ just/ comeなど

　カタカナ読みして「ア」の音になっても、その部分のつづり字が
oやuのときは「母音のズレ」は起きません。例えばsomeやfunなど
です。これについては、くわしくは 魔法の法則 No.12 で解説します。

POINT　「ア」でも"o"と"u"はズラさない！

fan　VS　fun
ファン　　ファン

Sam　VS　some
サム　　　サム

fun / someは
u / oだからズラさない！

fan　➡　フェアン

Sam　➡　セエアム

例外パターン ③

カタカナ読みで「アー」と伸ばし棒があるとき →「エア」にズラさない

hard/ heart/ car

　これらの単語をカタカナ読みすると「**ハー**ド」、「**ハー**ト」、「**カー**」
となり、aの部分の音が「ア」ではありますが、これらも「エア」に
は変えません。なぜなら、「アー」と伸ばし棒があるからです。

　aの次にrという特殊な発音（ 魔法の法則 No.27 参照）があるからと
いう理由もありますが、この場合はしっかり「アー」の音で伸ばさ
ないといけません。つまり、**aのつづり字があったとしても、カタ
カナ読みをしたときに「アー」と伸ばし棒がある場合は、しっかり
そのまま伸ばさないといけないということです。**ここまでの全ての

ルールを表にまとめておきましょう。

ア（つづり字が a）	ア（つづり字が o, u）	アー
基本全て「エア」に変身	英語のノドで「ア」のまま	英語のノドで「アー」のまま
sad / about / attack fan / Sam / staff	come / nothing some / fun / stuff	hard / heart / car

CHECK!

魔法の法則 No.07 ▷ ア（a）はアとエの間のエアにズラす

- ☑ カタカナ読みが「ア」でつづり字が a は「エア」になる
- ☑ カタカナ読みが「ア」でも、つづり字が o/u を含むときは「エア」にならない
- ☑ カタカナ読みが「アー」のように伸ばし棒がある「ア」は「エア」にならない
- ☑ つづり字が a でも、カタカナ読みがそもそも「ア」でないときは「エア」にならない

イ(i)はエにズラす

Pronounce " イ " like " エ ."

1 this
これ

2 sit
座る

3 milk
牛乳

4 family
家族

5 kiss
キス

6 imagination
想像

7 happiness
幸福

8 guitar
ギター

9 English
英語

魔法の母音ズラし表

	日本語	英語
1	ア (a)	エア（アとエの間）
2	イ (i)	エ
3	ウ/ウー (u)	イウ
4	エ (e)	めちゃくちゃ疲れた人のエ
5	オー (o)、オ (o)	めちゃくちゃ疲れた人のオーウ、ア

§§ 「イ (i)」を英語らしい発音にする

　この調子で「母音のズレ」を体得します。次はカタカナ読みしたときに「イ」となる音です。**「イ」の音は「エ」にズラしましょう。**

　thisを例に説明します。この単語、「ディス」と日本語の「イ」の音のまま読んでしまっていませんでしたか？　この「イ」を「エ」にズラしてあげることが肝心です。「ディス」ではなく「デェス」です。

　カタカナ読みを基準に考えると、英単語をカタカナ読みしたときに「イ」となる音は、つづり字が i のときだけとは限りません。

guitar「ギター」の「ギ」の部分、English「**イ**ングリッシュ」の冒頭の「イ」の部分も、母音をズラします。となると、guitarは「**ゲ**ター」、Englishは「**エ**ングレッシュ」となるわけですね。

カタカナ読みして「イ（行）」の音は全て「エ（行）」にズラす

guitar
ギター
↓
ゲター

English
イングリッシュ
↓
エングレッシュ

〰 sit と set の発音の違い

「イ」を「エ」にズラすとなると、sitとsetのような単語は同じ発音になるのか、と疑問に思うのではないでしょうか。実は厳密に言うと、sitの「イ（i）」は「イとエの間」の音です。しかし、「イ（i）」は「エ」と解説しているのには理由があります。それは、**日本語にない「イとエの間」の音は日本語母語話者にとって、極めて難しく出しづらい音**だからです。

魔法の法則 No.06 の❶「発音記号」でも言及した通り、日本語母語話者にとっては、どうしても日本語の「イ」の音が弊害となってしまい、**「イとエの間」の音を出しているつもりでも、結局は「イ」の音になってしまうことが非常に多い**です。ですから、"「イ（i）」は「エ」"と覚えて、母音をしっかりズラす意識を持ってください。

では、setはどのように発音するかというと、**setの e の部分はより口を大きく横に開き、「エー」と伸ばすイメージ**です。カタカナで表すとすれば、sitは「セットゥ」/ setは「セエーットゥ」のような音となるイメージです。sitと明確に区別して発音したいときは、set

の方がより「口を大きく開けるイメージ」で発音すると良いでしょう。

- ▶ sit：「イ(i)」は「エ」にズラす
- ▶ set：e は口を大きく横に開き「エー」と伸ばす

他の単語でも i と e の違いを練習してみましょう。

PRACTICE：次の単語の組み合わせを声に出して読んでみましょう。 TRACK 022

1 bid vs bed
値をつける ベッド

2 big vs beg
大きい 請う

3 bill vs bell
請求書 ベル

4 fill vs fell
満たす fall の過去形

5 pit vs pet
穴 ペット

6 till vs tell
〜まで 〜を話す

口の開き、音の伸び、ノド声も忘れずに！

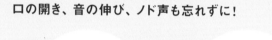

sit
スェット
↓
セットゥ

set
↓
セェーットゥ

「i(イ)」はエ！

「イ(i)」が「エ」にズレるポイント

ここで、もう一度、魔法の法則 No.06 の例文を読んでみましょう。

EXERCISE：次の例文をもう一度声に出して読んでみましょう。 TRACK 014

① **This is his hat.**
🈂 これは彼の帽子です。

② **He listens to the song.**
🈂 彼はその歌を聞きます。

③ **Emily is having dinner.**
🈂 エミリーは夕食中です。

　次のマーカーで塗られている部分が、「イ」を「エ」にズラす箇所です。

① This **is** h**is** hat.
② He l**is**tens to the song.
③ Emily **is** having dinner.

　実際の会話で英語を話すとき、「母音のズレ」は自分が思っている以上に表現できていないケースが多いです。ですから、練習時は多少大げさなくらいに意識して音読しましょう。「イ(i) はエにズラす」という今回の法則も、大げさに「エ」にしてもらって問題ありません。しかし、「ア」と同様に「イ」にも注意点があります。

〓 Heは伸ばし棒があるからズラさない

　魔法の法則 No.07 では、カタカナ読みをしたときに「アー」と伸ばし棒がある部分は「エア」にズラさないと解説しました。今回も同様に**カタカナ読みをしたときに「イー」と伸ばし棒がある部分は**「エ」にズラさず、そのまま「イ」の音で伸ばしてください。つまり、heは「ヘェー」とはしないで、「ヒー」と読むということです。

　他にも、meet「ミート」、beach「ビーチ」のように、カタカナ読みしたときに「イー」と伸ばし棒があるときは同様に「イ」を「エ」にズラしません。

では、「イ（i）はエにズラす」を意識して、次の文を読んでみてください。

PRACTICE ┊ 次の例文を声に出して読んでみましょう。

TRACK
023

① **She hit the ball.**
　㊙ 彼女はボールを打ちました。

② **He will play tennis.**
　㊙ 彼はテニスをする予定です。

③ **This episode is interesting.**
　㊙ このエピソードは面白いです。

④ **I decided to go.**
　㊙ 私は行くことに決めました。

⑤ **My sister gives her cat some milk every morning.**
　㊙ 姉は毎朝ネコにミルクをあげます。

⑥ **My situation is different from his (situation).**
　㊙ 私の状況は彼とは異なります。

　どうでしょうか？　読み進めるごとに、母音への意識の向け方が変わってきていませんか？　カタカナ読みしたときの「ア」と「イ」の「母音のズレ」を意識することで、これほど英語らしい音に近づいていきます。しかし、**皆さんがこの「母音のズレ」を瞬時に意識できるようになるには、経験上、とても時間がかかる**ものだと思っています。焦らず少しずつで構わないので、「母音のズレ」に意識を向け続けましょう。

CHECK!

魔法の法則 No. 08 ▸ イ（i）はエにズラす

☑ 「イ」は「エ」にズラす

☑ 「イー」と伸ばすときの「イ」は「エ」にズラさない

🎧 レッスンを聴く!

（そーた式）

魔 法 の 法 則

ウ / ウー（u）はイウに
ズラす

Pronounce " ウ / ウー " like " イウ ."

PRACTICE 次の単語を声に出して読んでみましょう。 TRACK 024

1 put ～を置く	2 push ～を押す	3 cook 料理する	4 cute かわいい	5 music 音楽
6 computer コンピューター		7 you あなた	8 to ～へ	9 do する

魔法の母音ズラし表

	日本語	英語
1	ア (a)	エア (アとエの間)
2	イ (i)	エ
3	ウ/ウー (u)	イウ
4	エ (e)	めちゃくちゃ疲れた人のエ
5	オー (o)、オ (o)	めちゃくちゃ疲れた人のオーウ、ア

「ウ/ウー (u)」を英語らしい発音にする

次は英単語をカタカナ読みしたときに、「ウ/ウー」となる「母音のズレ」です。cook「クック」、cute「キュート」、use「ユーズ」……といった単語です。これらをそのまま日本語と同じ「ウ」や「ウー」の音で読んでいませんか？ **この「ウ/ウー」は「イウ」にズラします**。

おそらく、「ウ/ウー」を「イウ」にズラすなんて解説は初めて聞いたのではないでしょうか。少々難しいかもしれませんが、**コツは口を「イ→ウ」の順で動かすイメージで発音**することです。カタカナで書くとcuteは「キ**イウ**ート」、useは「ユ**イウ**ーズ」、cookは「ク**イウ**ック」のようなイメージです。

　この時の注意点として、早く発音しようとしないでくださいね。「キィーゥトゥ」、「ユィーゥーズ」、「クィーゥック」と、**「イウ」の部分に慣れるまではゆーっくり発音**します。あるいは、「イーウイーウイーウ」と口の開きや動かし方を確認して、慣れてきたら少し早く「キィゥートゥ」「ユィゥーズ」「クィゥック」と読んでみてください。その要領で、先ほど読んだ単語をもう一度全て読み直してみましょう。

EXERCISE ┊ 次の単語を声に出して読んでみましょう。　TRACK 024

1 put	2 push	3 cook	4 cute	5 music
〜を置く	〜を押す	料理する	かわいい	音楽

6 computer	7 you	8 to	9 do
コンピューター	あなた	〜へ	する

　どうですか？　「イウ」がうまく入れられましたか？　次は、魔法の法則 No.06 で読んだ例文をもう一度全て読み直してみましょう。

EXERCISE ┊ 次の例文をもう一度声に出して読んでみましょう。　TRACK 014

① **This is his hat.**
　㊙ これは彼の帽子です。

② **He listens to the song.**
　㊙ 彼はその歌を聞きます。

③ **Emily is having dinner.**
　㊙ エミリーは夕食中です。

　次のマーカーで塗られている部分が、「ウー」を「イウ」にズラす箇所です。

②He listens **to** the song.

ここまでくると、読み方が変わった箇所が次第に増えてきているのが感じられると思います。②のtoもカタカナ読みをしたときに「トゥー」と「ウー」の音が入っているので、これを「イウ」に音をズラしましょう。**「トゥー」ではなく「トィゥー」のイメージで、しっかり「英語のノド」や「音の伸び」も意識して読んでください**ね。ここで、魔法の法則 No.08「イー」との違いに注意です。伸ばし棒がある場合、「イー」はそのまま伸ばして読むのでしたが、この「ウ/ウー (u)」に関しては**「ウー」と伸ばし棒があるときも、全て「イウ」で統一**して構いません。

§§ 細かな発音の区別はあえてしない

　皆さんの中には「ウ」、「ウー」の音が [ju:]、[u:]、[u]、[ʊ] で表されているのを見たことがあるかもしれません。従来の発音記号の解説ではこれらを全て区別する形で解説がされています。

　しかし、魔法の法則 No.07 の「ア (a)」の発音記号と同様に、**私たち日本語母語話者がネイティブのような発音を"体得する"上では、これらの区別はしなくてよい**です。むしろ、区別しようとすると、かえってどれもキレイに発音できなくなってしまいます。また、**[ju:]、[u:]、[u]、[ʊ] の発音のし方に関する発音記号を用いた従来の説明方法には、大きな落とし穴がある**のです。

発音記号を説明する"カタカナ"は落とし穴

日本語の「ウ/ウー」から離れられない理由

では、従来の説明のし方にはどのような落とし穴があるのか説明しましょう。まずは、従来の発音解説を見てみましょう。

POINT 従来の発音解説

- **[ju:]**：「ユー」で唇を突き出して「ユーゥ」
- **[u:]**：唇を丸めて突き出しながら「ウー」
- **[u]**：唇を突き出して短く「ウ」
- **[ʊ]**：唇を丸くして軽く「ウ」

正直なところ、このような発音記号の解説はどこか要領を得にくく、文字だけだといまいちピンとこないですよね。そして、**仮に完璧にこの通りに発音しても、なかなかネイティブのような発音にはなりません**。なぜなら、**実際のネイティブの「ウ/ウー」の発音は日本語と同じ「ウ/ウー」ではなく、「イウ」だから**です。厳密に言うと、日本語母語話者がネイティブの「ウ/ウー」の音に最も近い形で出せる方法は、「イ→ウ」の順で口を動かすことなのです。

例えば、皆さんに馴染みのある単語の you [ju:] ですが、ネイティブのyouの発音をよーく聞いてみてください。本当に発音記号の解説にある通り「ユーゥ」と聞こえますか？　聞こえないはずです。

youは「ユーゥ」でも「ウー」でもなく、「ュィゥー」です。**私たち日本語母語話者が日本語の「ウー」の音から離れるためには、「イ→ウ」の順で口を動かして発音しないと、ネイティブと同じような音が出ない**のです。

⟨⟨ ゆっくり音読しながら「イウ」を入れる

PRACTICE	次の例文を「イウ」へのズレを意識して 声に出して読んでみましょう。	TRACK 025

It took time to choose a good cap.
🔡 良い帽子を選ぶのに時間がかかりました。

　took、choose、goodの単語も「トゥック」、「チューズ」、「グッド」とカタカナ通りに読んでいては英語らしい発音は一生できません。「母音のズレ」をしっかり意識し、「イウ」の音を入れてあげましょう。「トィゥック」、「チィゥーズ」、「グィゥッドゥ」です。

　ちなみに、cuteは「**キュート**」、chooseは「**チューズ**」と伸ばし棒があるので、「イウ」の音を間に入れやすかったと思います。一方で、took「**トゥック**」、cook「**クック**」、good「**グッドゥ**」といった単語は伸ばし棒がない分、短い音の間に「イウ」を入れねばならず、少々難易度が高くなります。そういう場合は単語をゆっくり読み、「イウ」を間に入れる練習をしてみるとよいですよ。

「ウ/ウー」の音は全て「イ→ウ」で口を動かす

イ ▶ ウ

「イウ」を
すばやく
入れる！

たとえば・・・

cute：キュート ➡ キィゥートゥ

choose：チューズ ➡ チィゥーズ

took：トゥック ➡ トィゥック

⟪ 発音練習の時はゆっくり音読する

　「イウ」に限らず、**発音をキレイにするためには、"ゆっくり音読する"ことは非常に大切**です。ゆっくり音読することにより、「口の開き」、「音の伸び」、「ノド声」、「母音のズレ」を意識しやすくなります。なるべく1つ1つの音、単語、文を丁寧に読み、1つ1つの法則を思い出しながら練習するようにしてみましょう。

　また、発音練習のためにネイティブが話す英語を聞く場合には、可能な限り遅い速度で聞くのがオススメです。

POINT　おすすめの発音練習法

- **アプリ**を使って音声をスロー再生してみる
- ネイティブが**英語をゆっくり話している動画**を見る
- 洋楽の中でも**バラード**を聴いてみる

　こうした工夫をして、ネイティブがどのような音を出しているのかを、自分でも確認するようにしてください。そして、自分もどのような音を出したり、どのように口を動かしたりすれば日本語の音から離れて英語らしい音が出せるのかを考えてみてくださいね。

CHECK!

魔法の法則 No.09 ＞ ウ / ウー (u) はイウにズラす

- ☑ 「ウ/ウー」は口を「イ」から「ウ」に動かした「イウ」
- ☑ 発音練習はゆっくり
- ☑ 「口の開き」、「音の伸び」、「ノド声」、「母音のズレ」はゆっくりと音読すると意識しやすい

＼えーたのアドバイス！／

英語を話すときについ「早口」になる人が多いけど、ゆっくり話すと発音も意識しやすいし、相手に確実に伝わる！早く話せる＝カッコいいではない！

🎧 レッスンを聴く！

まるでネイティブのような
英語の発音が身につく

そーた式
魔法の法則

№ 10

エ(e)は「お疲れボイス」でエにズラす

Pronounce " エ " with a relaxed throat.

PRACTICE 次の単語を声に出して読んでみましょう。 TRACK 026

1 egg 卵	2 bed ベッド	3 pen ペン	4 get ～を得る	5 tell ～を話す
6 when いつ	7 said sayの過去・過去分詞	8 friend 友達	9 many たくさんの	10 any 何か

魔法の母音ズラし表

	日本語	英語
1	ア (a)	エア (アとエの間)
2	イ (i)	エ
3	ウ/ウー (u)	イウ
4	エ (e)	めちゃくちゃ疲れた人のエ
5	オー (o)、オ (o)	めちゃくちゃ疲れた人のオーウ、ア

「エ(e)」を英語らしい発音にする

英単語をカタカナ読みしたときに「エ」となる部分も、これまでと同様、音をズラします。ですが、今回のズラし方はこれまでと比べて少し特殊です。

カタカナ読みしたときの「エ」の音は、"めちゃくちゃ疲れた人"の「英語のノド」を強く意識して発声するのがコツ。そして、**音をしーっかり伸ばす**のがポイントです。

「英語のノド」での発声はどの単語や文章を読むときも、ずーっと意識し続けていないといけないのですが、**「エ」を発音するときは、**

とりわけ強く意識する必要があります。

egg（たまご）という単語を例にしてみましょう。皆さんが日本語の音のまま読む「エッグ」は、このままでは英語らしい音ではありません。めちゃくちゃ疲れた人になりきって、「あ゛あ゛あ゛ーーー疲れたーーー」「あ゛あ゛あ゛ーーー」の、そのノドのまま「エ~~~ッグ」と言ってみましょう。

「お疲れボイス」を忘れると日本語の「え」になる
低い声
口を開く
ノドを意識
エッグ
egg

「ノドからの発声」は忘れやすい

「母音のズレ」の中でも、「ア」「イ」「ウ」の場合は「音を違う音に変える」→「母音をズラす」というイメージでしたが、「エ」のズレに関しては、ノドからきちんと発声できれば自然と音がキレイにズレます。この「ノドからの発声」はついつい忘れられがちで、**“日本語の「エ」”のまま発声してしまう方が非常に多い**です。時間がかかっても音をズラすように意識改革していきましょう。

　そこで、「めちゃくちゃ疲れた人のエ」を意識すべき単語をこれでもかというくらい盛り込んだ例文を作ってみました。意味は気にしないでください（笑）。say/ eggs/ pens/ friend/ every/ dayなどカタカナ読みすると「エ」の音になる箇所が盛りだくさんのこの例文で「英語のノド」で読むトレーニングをしましょう。

PRACTICE 次の例文を「お疲れボイス」を意識して読んでみましょう。 TRACK 027

I say "I like eggs and pens" to my friend every day.

（訳）私は毎日友だちに「卵とペンが好きだ」と言います。

ネイティブの発音をどれだけまねても同じような音が出なかった要因が、「母音のズレ」や「ノドからの発声」だったということをだんだんと実感できてきたでしょうか？

　次のセクションは、いよいよ「母音のズレ」に関する最後の法則で、アイウエオの「オ」にあたる音を取り上げます。

CHECK!

魔法の法則 № 10 ▷ エ (e) は「お疲れボイス」でエにズラす

☑ 「エ」はノドからの発声で、しっかりズラす

☑ ノドからの発声ができれば、「エ」はズラしやすくなる

☑ ノドからの発声はつい忘れがちなので注意する

まるでネイティブのような
英語の発音が身につく

そーた式
魔法の法則

№ 11

オー（o）はオーウ、
オ（o）はアに
「お疲れボイス」でズラす

Pronounce " オー " like " オーウ ," and " オ " like " ア ".

∬ 「オー(o)」を「オーウ」にズラす

PRACTICE : 次の単語を声に出して読んでみましょう。　TRACK 028

1 so	2 no	3 oh	4 hope	5 open
そう	いいえ	ああ	望む	開いた

6 go	7 snow	8 nose	9 over	10 low
行く	雪	鼻	～の上に	低い

魔法の母音ズラし表

	日本語	英語
1	ア (a)	エア (アとエの間)
2	イ (i)	エ
3	ウ/ウー (u)	イウ
4	エ (e)	めちゃくちゃ疲れた人のエ
5	オー (o)、オ (o)	めちゃくちゃ疲れた人のオーウ、ア

oを含む英単語をカタカナ読みしたときに「オー」と伸ばし棒があるときは「オーウ」にズラします。この時も「英語のノド」で発声し、しっかり音を伸ばすことを忘れないでください。soやnoなどの日常会話でよく使う単語も、これまでは「ソー」、「ノー」と「日本語のノド」のままで発声していた人が多いはずです。

ですが、ここまでトレーニングしてきた皆さんにはきっと変化が訪れているのではないでしょうか？　soは「ソ~~~ウ」、noは「ノ~~~ウ」とノドからの音で伸ばせていれば成長しているあかしです。その「英語のノド」を意識して読みましょう。

so no hope oh open go snow nose over low

∬ 「オ (o)」は「ア」にズラす

1 not
〜でない

2 hot
熱い

3 computer
コンピューター

4 song
歌

5 top
頂点

6 shot
発射

7 of
〜の

8 on
〜の上に

魔法の母音ズラし表	
日本語	英語
1　ア (a)	エア (アとエの間)
2　イ (i)	エ
3　ウ/ウー (u)	イウ
4　エ (e)	めちゃくちゃ疲れた人のエ
5　オー (o)、オ (o)	めちゃくちゃ疲れた人のオーウ、ア

　oを含む英単語をカタカナ読みしたときに「オ」となる場合は「ア」にズラします。つまり、つづり字は同じ「o」であっても、カタカナ読みで「オー」の伸ばし棒がある場合は「オーウ」、「オ」と伸ばし棒がない場合は「<u>ア</u>」に変わるということですね。

　特に「オ」を「ア」にズラし忘れてしまうことが非常に多いので注意してください。一見、複雑に感じるかもしれませんが、練習して慣れてしまいましょう。

カタカナ読みで考えるとズラし方が分かりやすい

オー → オーウ　　　オ → ア

go ゴー → ゴーウ

computer コンピューター → カンピィウーター

nose ノーズ → ノーウズ

top トップ → タップ

▶ カタカナ読みしたときに「オー」と伸ばし棒がある単語

so / no / oh / hope / open / go / snow / nose / over / low
ソー / ノー / オー / ホープ / オープン / ゴー / スノー / ノーズ / オーヴァー / ロー

「オー」の部分を「オーウ」に変える

ソーウ / ノーウ / オーウ / ホーウプ / オーウプン / ゴーウ / スノーウ / ノーウズ / オーウヴァー / ローウ

▶ カタカナ読みしたときに「オ」がある単語

not / hot / computer / song / top / shot / of / on / follow / watch
ノット / ホット / コンピューター / ソング / トップ / ショット / オヴ / オン / フォロー / ウォッチ

「オ」の部分を「ア」に変える

ナット / ハット / カンピィゥーター / サング / タップ / シャット / アヴ / アン / ファ
ローウ / ウァッチ

※便宜上、「オー」と「オ」の以外の音は、厳密な英語らしいカタカナ表記に
していないものもあります。

「オー」のもう1つの大切な音

TRACK 030

> **PRACTICE** 次の単語を声に出して読んでみましょう。
>
> **1** low vs law
> 　　低い　　法律
>
> **2** hole vs hall
> 　　穴　　　ろうか
>
> **3** so vs saw
> 　　だから　見た

　実はカタカナ表記をしたときに「オー」となる部分の音は、もう1点解説すべきことがあります。それは、**「オー」と読む部分のつづり字に a が含まれているときは、「アー」の音になる**ということです。

　しかし、結論から言うと、現段階ではここまでの区別はできなくてよいです。これから説明することは余裕があれば覚えてください。

　all、talk、ballなどの馴染みのある単語も同じです。all「**オール**」、talk「**トーク**」、ball「**ボール**」も、実は「アー（ォ）」、「ターク」、「バー（ォ）」と読むのが厳密には正しいです。（「ル」の音が「ォ」に変わることについては、魔法の法則 No.22 で解説しますね。）これらの単語を「オー」のまま読んでいた方はきっと多いはずです。

　ですが、all「オール」の「オー」の部分を仮に「オーウ」とズラしていても現段階では問題ありません。音を区別することにさほど神経質にならずに、日本語の「オー」の音から離れて英語らしい発音に近づけることに集中しましょう。英語の発音では基本的に、「オー」と日本語のように伸ばす音はありません。全て「オーウ」です。

CHECK!

魔法の法則 No.11 ＞ オー(o)はオーウ、オ(o)はアに「お疲れボイス」でズラす

☑ 伸ばす「オー (o)」は「オーウ」にズラす

☑ 短い「オ (o)」は「ア」にズラす

☑ 特に「オ (o)」を「ア」にズラすことを忘れがちなので注意

☑ 伸ばす「オー」の箇所が a のときは「アー」となる

まるでネイティブのような
英語の発音が身につく

そーた式

魔法の法則

🎧 レッスンを聴く！

O（ア）とU（ア）は「お疲れボイス」でアのまま

Pronounce " ア " spelt "o" or "u" like " ア " with a relaxed throat.

① **My mom loves nuts.**
㊙ 母はナッツが大好きです。

② **I cut up a pumpkin.**
㊙ 私はカボチャを切り刻みました。

「母音のズレ」の CHAPTER 2 もいよいよ終盤です。ここまでは単語を一度カタカナ読みにして、その母音（アイウエオ）をどうズラすかについて練習してきました。魔法の法則 No.12 ではそのカタカナ読みをした母音の部分に、"このつづり字を含んでいるときだけは例外になる"というお話を詳しくしましょう。これで「母音のズレ」は全て完成です。

§「ア」の部分に o/u を含むときは注意

魔法の法則 No.07 では、単語をカタカナ読みして「ア」となる音の部分のつづりが o/u を含んでいるときは、「ア」を「エア」にはズラさないと解説しました。**o/u はそのままノド声で「ア」と発音**します。これが 魔法の法則 No.07 で述べた 2 種類の「ア」の音の 2 つ目です。

例えば、mom「**マ**ム」、love「**ラ**ヴ」、cut「**カ**ット」、nuts「**ナ**ッツ」、up「**ア**ップ」の「ア」の音の部分を「メェァム」、「レェァヴ」、「ケェァットゥ」、「ネェァッツ」、「エェァップ」のように「エア」とズラすのはNGです。特に、「ケェァットゥ」、「エェァップ」はそれぞれcat、appと**別の単語に聞こえてしまう危険性もあります**。

POINT 「ア」と読む部分のつづりに"o"と"u"がある場合は注意！

up
アップ

「ア」発見！
「エア」に
ズラさなきゃ！

エアップ！

これだと・・・

app

違う単語に！

これらの単語は全てmom「マム」、cut「カットゥ」、nuts「ナッツ」のように「ア」の母音をズラさずに読みます。ただし、注意点があります。それは必ずノド声を意識して、「英語のノド」で「ア」と読むことです。日本語の「ア」とは異なります。音のコツがつかみにくい場合は、**TRACK 031**を聞いてみてください。

mom

cut

nuts

POINT ノドの奥から出せば解決！

PRACTICE 次の単語の組み合わせを声に出して読んでみましょう。

TRACK
032

1 staff vs stuff　**2 match vs much**　**3 app vs up**
　店員　　　もの　　　　　試合　　たくさんの　　　アプリ　上に

4 fan vs fun　**5 Sam vs some**
　ファン　楽しい　　　サム　　いくつかの

上の例はカタカナ読みにすると同じ表記になる単語の組み合わせ

です。例えば、staff「店員」とstuff「もの」はカタカナ表記にすると両方とも「スタッフ」となります。ですから、**読み方を意識的に使い分ける必要があります**。staffは「ア (a)」を「エア」にズラして「ステェアッフ」、stuffは「u」があるので、ノド声で「スタッフ」と読み、音をズラしません。

§ o/u を「英語のノド」で出すコツ

英語のノドで「ア」をうまく発声できない方のために、もう1つコツを紹介しておきましょう。**急に用事を思い出したときの「アッ！」を意識**することです。思いがけず、「アッ！」と声が出てしまうことがあると思います。その「ア」の音と「英語のノドのア」の音は似ています。

EXERCISE : 次の例文を「英語のノド声」でもう一度読んでみましょう。　TRACK **031**

① **My mom loves nuts.**
　訳 母はナッツが大好きです。

② **I cut up a pumpkin.**
　訳 私はカボチャを切り刻みました。

---

§ 「ア」をズラさない o/u の単語

最後にカタカナ読みをすると「ア」の音になるが、つづりに o/u を含むので、「エア」に音をズラさない他の単語の例を挙げておくことにしましょう。

例

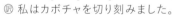

come　　company　　cup　　just　　suddenly　　until　　gun

　　上記の単語は全て「英語のノド」で「ア」のまま読む単語です。探してみれば、他にもたくさんあります。今日から**「ズラすア」**と**「ズラさないア」**の単語を見つけて区別して練習してみてくださいね。「ア」に関してはこの2種類のルールを覚えるだけで、ネイティブのような発音に近づくことができます。その他の「ア」の音の区別は現段階では覚える必要はありません。これで全ての「母音のズレ」が完成しました。このズレの音をどの単語や文を読むときにも徹底的に意識してくださいね。

CHECK!

魔法の法則 №12 ＞ O（ア）とU（ア）は「お疲れボイス」でアのまま

- ☑ 「ア」の部分のつづりが o/u のときは、「エア」にズラさない
- ☑ o/u の「ア」は「英語のノド」で出す
- ☑ 日本語と同じ「ア」にならないよう注意
- ☑ staff vs stuff / Sam vs some のような音の使い分けに注意

＼そーたのアドバイス！／

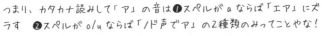

つまり、カタカナ読みして「ア」の音は❶スペルが a ならば「エア」にズラす ❷スペルが o/u ならば「ノド声でア」の2種類のみってことやな！

アルファベット編

ネイティブっぽさを
グンとUPさせる魔法

（そーた式）

魔法の法則

№13

3種類のT ①

Tの後ろに母音が来たら
Tはラ行に変身させる

T sounds like ラ when speaking quickly.

TRACK
033

This computer is better, but I think it's too big.

㊙ このコンピューターの方が良いけれど、大きすぎると思います。

§§ 細部にまで魔法をかける

　ここまでは英語らしい発音の仕方の基礎を学んできました。魔法の法則 No.01 〜 魔法の法則 No.05 で発声の土台をつくり、その土台を基に 魔法の法則 No.06 〜 魔法の法則 No.12 で「母音のズレ」を学びました。これで"基礎づくり"は完成しています。┃CHAPTER 3 からはこれまで学んだことをベースに発展させていきましょう。具体的に言うと、単語や文の中にある**アルファベット**の「文字」に注目し、より細部まで魔法をかけていきます。ちょっとしたテクニックを織り交ぜるだけで、発音は飛躍的に上達しますよ。まずは、t から始めていきましょう。

§§ tと母音が並んだら「ラ行」に変身

　t には3つの法則があります。第一の法則、それは**t の後ろにアイウエオの音（母音）がきた場合、t の音を「ラ行」に変身させる**というものです。t を単体で読むと本来の音は「ティー」なので、computerは「カンピィゥター」、betterは「ベター」と発音されるべきですよね。しかし、ネイティブの日常会話では、t は本来の音で読まれない場合が多く、様々な音に変化します。その変化の1つとして、「t＋アイウエオ（母音）」は「ラ行の音」に変身するのです。

		カタカナ読み	魔法の法則
①	computer	コンピューター	カンピィゥラー
②	better	ベター	ベラー
③	but I	バットアイ	バライ

① comput + er　⇒　tの後ろに「er：**アー**」の母音の音がある
　　タ行 ⑦アー

② bett + er　　⇒　tの後ろに「er：**アー**」の母音の音がある
　　タ行 ⑦アー

③ but + I　　　⇒　tの後ろに「I：**アイ**」の母音の音がある
　　タ行 ⑦イ

　これらのように、「t＋母音」の部分はラ行で発音しましょう。この場合も一度カタカナ読みすると、tの後ろに母音があるかどうか見極められます。

ナチュラルスピードのTの音は注意

T ＋ 母音 ＝ ラ行

PRACTICE ┆ 次の例文をt＋母音を意識して読んでみましょう。

TRACK
034

I wrote a letter but it is too long,
so I will write it again.

㊙ 手紙を書きましたが，長すぎるので書き直すつもりです。

　別の例文でも練習してみましょう。この例文の、wrote a letter、but it is、write it againといった箇所は全てtの後ろに母音の音があり、「t＋母音」なので、tは「ラ行」に変わります。これは単語の中だけではなく、単語と単語をつなげて読むときも同じです。

　① wrote ＋ a ＋ lett ＋ er
　　　タ行　ア　　タ行　アー

　② but ＋ it ＋ is
　　　タ行　エ　タ行　エ

　③ write ＋ it ＋ again
　　　タ行　エ　タ行　エア

　これらも全て、tの後ろに母音があります。その母音の音にtの音をのせていくイメージで、tをラ行に変えて読みましょう。つなげるときは「母音のズレ」もお忘れなく。

　tを「ティー」のまま発音すると、「ウォーウトアレター」、「バットエットエズ」と、tの音がたくさん入り、読みづらいですよね。しかし、この「t＋母音」の箇所のtを「ラ行」に変えて読むと、流れるように読むことができるはずです。これだけで、とーっても自然な英語の発音になるのです。

■POINT　t＋母音の自然な発音

- ○ **wrote a letter** → ウォーウラレラー
- ○ **but it is** → バッレレズ
- ○ **write it again** → ウァェレレエアゲンヌ

※wroteやwriteの冒頭を「ウォーウ」「ウァェ」で表記している理由は、 魔法の法則 No.32 の「wの前は口をウ」で解説します。

　英会話では、このように音と音がつながって読まれることが多く、

これをリエゾンと言ったりもします。この"音がつながって変化する部分"を読むときに意識してみると、あなたの発音はグンと英語らしい発音に進化します。基本的にリエゾンは、次の音の部分に「母音」があるときに起こります。

　ちなみに、「t＋母音」で「d（ダ行）の音になる」という説明を聞いたことがある人もいるかもしれません（**例**：wro**te a le**tter「ウォーウ**ダレダー**」）。これも間違いではないのですが、ネイティブのナチュラルなスピードの会話では、「t＋母音」はd（ダ行）の音ではなく「ラ行」の音に聞こえます。

　音声学的な解説としては、「t＋母音」の形になると有音化してd（ダ行）の音になるとされます。ところが、**これがより速い会話速度となると、舌先が口の天井にくっつく時間が短くなり「ラ行」に変わる**、ということです。

　比較的ゆっくりとした会話速度では「t＋母音」がd（ダ行）の音で聞こえることもあるでしょう。しかし、スピードが速くなるほど、音が「ラ行」に変わるのが一般的です。そのため、本書では比較的速いスピードの会話を想定して「t＋母音」は「ラ行」と解説しています。また、リスニングにおいても、「t＋母音」は「ラ行」で待ちかまえておかないと、ナチュラルスピードの英語を聞き取ることが難しく感じてしまいます。

発音が上達すればリスニング力も上がる！

　「ラ行に変身するｔ」はネイティブの日常会話に頻出するので、今回の法則を覚えておくと、発音の向上だけでなく、リスニング力アップにもつながります。

《wrote a letterの読み方》

本来の読み方	少し速い会話	非常に速い会話
ウォーウタレター	ウォーウダレダー	ウォーウラレラー

CHECK!

魔法の法則 №13 ＞ 3種類のＴ①　Ｔの後ろに母音が来たらＴはラ行に変身させる

✓ 単語の中の「ｔ＋母音」は「ラ行」の音になる

✓ 単語と単語がつながってできる「ｔ＋母音」も同様

✓ 一度カタカナ表記にすると、ｔの後ろの母音を見つけやすい

＼そーたのアドバイス！／

イギリス英語ではｔは「ティー」のまま読むことが多いねん。letterならば「レター」と読むことが多いってこと。

まるでネイティブのような
英語の発音が身につく

そーた式
魔法の法則

№ 14

3種類のT ②

Tの後ろに母音がない
ときはサッと消す

T is dropped without a vowel following it.

PRACTICE 次の例文を声に出して読んでみましょう。　TRACK 035

That computer is what my mom bought last Sunday.

㊇ あのコンピューターは母がこの前の日曜日に買ったものです。

tと子音が並んだら、tは消える

続いて、3種類のtの2つ目です。tの後ろに「音をつなげられる母音」がこないときは、サッとtの存在を消してあげましょう。言い換えると、「t＋子音（母音以外の音）」となったときや、tの後ろに音が何も続かないとき、そのtは読まない方が自然だということです。

例　Tha**t** computer is wha**t** my mom bough**t** las**t** Sunday.

色付けをしたtが、発音しない箇所です。**魔法の法則 No.13** の例文の But **i**t **i**s とは異なり、That **c**omputer、what **m**y、bought **l**ast **S**unday は、tの次につなげられる母音がなく、代わりに子音がきています。こういう場合、ネイティブスピーカーはtの音を読みません。

Thatの語末のtとcomputerの語頭のcをつなげてもtc「トゥク」と非常に読みづらくなってしまいますよね。wha**t m**y mom bough**t l**as**t S**undayの色付けされた部分も音はつなげられず、このtを全て発音すると読みづらくなってしまいます。

では、次の2つの英文のtを比較しながら読んでみましょう。

▶後ろの母音とつながってラ行に変身する場合（魔法の法則 No.13）

This computer is better than the iPad.

㊙ このコンピューターはiPadより良いです。

▶後ろにつながる音がなく、サッと消す場合（魔法の法則 No.14）

That computer is what my mom bought last Sunday.

㊙ あのコンピューターは母がこの前の日曜日に買ったものです。

「ラ行に変身するt」と「サッと消すt」を体得すると、あなたの英語はグンとネイティブらしい発音に近づきます。「ラ行」に変えて音をつなげているときも、「母音のズレ」は忘れないようにしましょうね。例えば、it isは「エレエズ」となります。

〰単語の中ほどにある「t＋子音」も同じ

例

absolutely（もちろん!）→ エアブサリィゥリー

definitely（確かに!）→ デフェネリー

※リアクションでよく使う単語です。

　ここまでは That computer や what my のような、"語末にある t"＋"語頭にある子音"の「t＋子音」の関係を例に挙げましたが、absolutely や definitely で例に挙げた、単語の中にある「t＋子音」の t の音も同じように消してあげましょう。

　繰り返しになりますが、本書の法則は"カタカナ読みを基準"にして考えます。absolutely、definitely も単語のスペルを見ると、「t＋母音 (e)」になっていますが、カタカナ読みでは「アブソリュー**トリー**」、「デフィニッ**トリー**」となり、t の音にあたる部分の次に「リー」という子音 (l：エル) がきていますよね。ですから、この場合の t も消して読んであげないと自然な英語の発音になりません。「absolutely：エアブサリィゥリー」「definitely：デフェネリー」とマーカー部分の t の音を消します。

　このような単語の中にある「t＋子音」の t を消さずに読んでいることにより、発音がうまくできていない英語学習者の方によく遭遇しますので、注意するようにしてください。

§サッと消すt は小さい 「ッ」 のイメージで

　ここで、「サッと消す t」のコツを伝授しましょう。消す感覚がつかみづらい方は、**t の入っている部分を小さい「ッ」に置き換えてみてください**。そうすると読みやすく、よりネイティブらしい発音に近づくはずです。注意として、大きい「ツ」ではなく、小さい「ッ」なので、「ツ」とは言わないようにしてくださいね。あくまで、「ッ」で空間を作るようなイメージです。

absolu **ツ** e**ly** → エアブサリィゥ**ツ**リー

defini **ツ** e**ly** → デフェネ**ツ**リー

単語末にある t の場合も同じです。

Tha**t** computer is wha**t** my mom bough**t** las**t** Sunday.

→Tha **ツ** computer is wha **ツ** my mom bough **ツ** las **ツ** Sunday.

最後に「ラ行に変身する t」と「サッと消す t」を混ぜた英文で練習です。

PRACTICE ┊ 次の例文を声に出して読んでみましょう。

TRACK
036

I cut the little apples and tomatoes
and put them on the beautiful plate.

㉝ 私は小さいリンゴとトマトを切って、きれいなお皿に盛りました。

CHECK!

魔法の法則 №14 ＞ 3種類のＴ② Ｔの後ろに母音がないときはサッと消す

☑ 「t ＋母音」→ t をラ行に変える

☑ 「t ＋子音」→ t をサッと消す

☑ t を消すコツには t を小さい「ッ」に置き換えるのがコツ

３種類のＴ③

Ｎの後ろのＴは
ナ行に変身させる

T can be dropped after N.

I had an interview at a famous international company last week.

㊟ 私は先週、有名な国際企業の面接を受けました。

§t は直前の n に影響されて、「ナ行」になる

次は3種類の t の3つ目です。今回はリスニングで聞き逃しも生じやすい、t の発音の法則について扱います。n の後ろに t がきたとき、この t の音は n の音の影響を受けて「ナ行」に変わり、次の母音の音につながっていきます。端的に言うと、**「n＋t」の t は「ナ行」の音に変身する**ということです。

これは日常会話でも頻繁に起こり、学習者がリスニングのときに「聞き取れない」と感じやすい箇所でもあります。そして、この「n＋t」の話は後の、「n＋th」の th も n の影響を受けやすいという話にもつながります。「in **th**e park」が「エン**ナ** パーク」に聞こえるような例ですね。

POINT n の後ろに t がくる場合の例

- interview → **エンナーヴィゥー**
- international → **エンナーネェァシェノー**

※international の末尾の l の音については、魔法の法則 No.22 の「2種類の L① 単語末にある L はオに変身させる」で解説します。

interview は**本来は「エンターヴィゥー」と「タ行」で読むべきものですが、ナチュラルスピードの会話では、n と t が並ぶと、ネイティ**

ブはこのように音をつなげて**読みます。**

　それでは、こなれた英語で発音するために3種類の t を全て意識し、もう一度この例文を読んでみましょう。

EXERCISE : 次の例文をもう一度声に出して読んでみましょう。　　TRACK
037

I had an interview at a famous international company last week.

㉙ 私は先週、有名な国際企業の面接を受けました。

次の3つの t の使い分けができているか確認しましょう。

▶ **「ラ行」に変身の場合：** 魔法の法則 No.13

a**t a** → エァ**レア**

※t の次につなげられる母音（a）があるため「ラ行」に変身

▶ **サッと消す場合：** 魔法の法則 No.14

las**t** week → レェアスッ　（ウ）ウィーク

※t の次につなげられる母音がないためサッと消す

※ウィークの前の"（ウ）"は 魔法の法則 No.32 「W（ワ）行とR の前にはウを入れ、チューするときの口に動かす」で解説します。

▶ **「ナ行」に変身する場合：** 魔法の法則 No.15

in**t**erview → エン**ナー**ヴィゥー

in**t**ernational → エン**ナー**ネェアシェノー

〰 「n＋th」 も 「ナ行」 になる

魔法の法則 No.34 の 「Theはダ/ナで読んであまり目立たせない」 でも触れますが、「n＋t」を「ナ行」で発音するように、「n＋th」も「ナ行」で発音します。一緒に覚えておきましょう。

- in the box → **エンナバックス**
- on the table → **アンナテイボー**
- I've been there → **アイヴビーンネアー**

　今後、映画を見るときやリスニングの勉強をするとき、実際のネイティブの発音の「n＋t」や「n＋th」の音のつながりに耳を傾けてみてください。意外とこの音のパターンは会話の中にも出てきていますよ。これを知ることでリスニング力向上にもつながるはずです。

　最後に、別の文で３種類の t の使い分けを確認して終わりとします。

PRACTICE 次の例文を声に出して読んでみましょう。

TRACK
038

I went to the center to sit on the chair and I've been there twice now.

㊥ 私はイスに座るためにそのセンターに行ったので、そこには今のところ２度行ったことになります。

---

we**nt t**o → 消える t

ce**nt**er → 「ナ行」に変身の t

si**t o**n → 「ラ行」に変身の t

o**n th**e → 「ナ行」に変身の th

I've bee**n th**ere → 「ナ行」に変身の th

CHECK!

魔法の法則 No.15 ＞ ３種類の T ③　N の後ろの T はナ行に変身させる

☑ **n＋t は「ナ行」の音になる**

☑ **n＋th も「ナ行」の音になる**

＼そーたのアドバイス！／

他にも twenty / internet / wanted / documentary もよ〜く聞くと「n＋t」の部分がナ行で読まれているはずやで！

単語末の TDG は よく消えると心得る

Remember the T, D, and G sounds at the ends of words are often dropped.

> PRACTICE ┊ 次の例文を声に出して読んでみましょう。
>
> ## Nate likes singing that song, but it's sad that he can't sing very well.
>
> 訳 ネイトはその歌を歌うのが好きですが、残念なことにあまり上手に歌えません。

単語末の t / d / g に注意

魔法の法則 No.14 で解説した「サッと消す t」のように、「消えるアルファベット」を他にもご紹介しましょう。d も g も次に母音がなければ発音しないことがあります。これもまた、**音を消さないと読みにくく、不自然な英語に聞こえてしまう**からです。例文の中のどの t d g が消えるのか一緒に確認してみましょう。

Nate likes singing that song but it's sad that he can't sing very well.

色付けした箇所が消える部分です。消す感覚がつかみにくい方は、小さい「ッ」に置き換える方法を当てはめていただいて構いません。この例文の t / d / g を全て読もうとすると、スムーズな流れで読めないのではないでしょうか。単語末の t / d / g は消して読みましょう。

例えば、Nate という人名は te で終わっていますが、カタカタ読みすると「ネイト」となりますよね。このように語末が t の音で終わっているときは、スペルに関係なくサッと消してあげてくださいね。

単語末の t / d / g の次が母音のときはどちらでもOK

but it's の部分は t の次の単語の頭に i（母音）があるので、魔法の法則 No.13 で解説した通り、but it's「バレッツ」と「ラ行」に変身させてつなげても構いません。もちろん消しても構いません。つ

まり、単語末の**t / d / g の音は次に母音がなければ絶対に消します**が、**母音がある場合は①t / d / g を次の母音につなげて読む、②t / d / g を消して読む、のどちらでもOK**ということなのです。少しややこしいと思うので、次の例文で詳しく解説しますね。

Nate likes singing and he's always practicing singing.

㋭ ネイトは歌うのが好きで，いつも歌の練習をしています。

例文の中で絶対に消える箇所は Nate likes、and he、practicing singingです。なぜなら、t / d / g の次に母音がないからです。「ネイト**ゥ** ライクス」、「エアン**ドゥ**　ヒー」、「プウェァクテセング**グ** センゲン**グ**」、と t / d / g の音を入れてしまうと読みにくいですよね。こういう場合は消してしまいましょう。

その一方で、singing and の部分は、「センゲンッ エアンッ」と g を消しても、「センゲンゲアンッ」と g と a をつなげて読んでも構いません。なぜなら g の次に母音があるからです。これは t / d / g 全てに当てはまります。

▰POINT▰　単語末の t / d / g の扱い方

1 単語末の t / d / g の次の音が子音→絶対に消える
2 単語末の t / d / g の次の音が母音→消してもつなげてもどちらでもOK

この**区別がややこしい場合は単語末の t / d / g は「全て消す」と認識しても便宜上さしつかえはありません**。

Singing and...

センゲンッ　エアンッ
　　　　センゲンゲアンッ

(POINT　t / d / g ＋母音→消してもつなげてもどちらでも！)

つづいて、絶対に消える t / d / g で総仕上げです。

PRACTICE 次の例文を t / d / g を意識して読んでみましょう。 TRACK 040

I'm watching movies and my mom is cooking breakfast now.

⑧ 今，私は映画を見ていて，母は朝食を作っています。

この例文の t / d / g は全て絶対に消えます。なぜなら t / d / g の後ろに子音がくるからです。きっちり消して読めましたか?

watchin**g** movies → (ゥ)ウァッチェン**ッ** ムィゥーヴィーズ

an**d** my mom → エアン **ッ** マイ マンム

cookin**g** breakfas**t** now → クィゥッケン **ッ** ブウェックフェアス **ッ** ネェァーウ

⸻ 洋楽がキレイに歌えない原因

カラオケでは、歌詞にカタカナが振られていると思います。しかし、そのカタカナ通りに歌うと音がうまく当てはまらなかった経験はありませんか?

これは単語の末尾の t / d / g が「トゥ」、「ドゥ」、「グ」と書き表されており、それらの音をそのまま入れて歌ってしまっていることが理由です。洋楽をキレイに歌うときも語末の t / d / g を消すことは不可欠です。つまり、それだけ**ネイティブは普段からよく語末の t / d / g を消す**ということですね。

CHECK!

魔法の法則 №16 ＞ 単語末の TDG はよく消えると心得る

☑ 語末の t / d / g は、次の音が子音のときは絶対に消える

☑ 語末の t / d / g は、次の音が母音のときには消しても、その母音とつなげても良い

☑ 区別がややこしければ、語末の t / d / g は全て消しても OK

N の後にはヌを入れて、M はンムで読む

Pronounce N like " エンヌ " and M like " エンム ".

My son looks like my mom.

⓪ 息子は私の母に見た目が似ています。

〝n の後ろは軽く「ヌ」を入れる

単語末の t、d、g をサッと消すことを習得したこの流れから、"単語末の文字"の音をもう少し見ていきましょう。n と m で終わっている単語をネイティブっぽく発音する練習です。今までは、son を「サン」と読んでしまっていませんでしたか? **これからは n の後に軽〜く「ヌ」の音を入れてみてください。「サンヌ」と n の後ろに「ヌ」の音があるかないかで、英語らしさは大きく変わります。** そろそろ|CHAPTER 1 の「口の開き」、「音の伸び」、「ノド声」を忘れ始める頃です。「サンヌ」もこの3点を忘れずに読んでください。「サ〜〜〜ンヌ」ですよ。

〝n の本来の発音は「エヌ」ではない

より自然に「ヌ」を入れられるようになるために、一度 n を単独で読んでみましょう。**n の本来の正しい発音は「エヌ」ではなく「エーンヌ」です。この n の単独の音が、単語末にきたときも必要となり、n の後ろに「ヌ」を入れるということです。** 慣れるまでは「エーンヌ、エーンヌ」、「ンヌ、ンヌ」と n 単独の音を声に出してみるとコツをつかみやすいはずですよ。

PRACTICE : 次の単語を「nの後にはヌ」を意識して読んでみましょう。

TRACK 042

1 again
再び

2 learn
学ぶ

3 man
男性

4 on
〜の上に

5 station
駅

6 ten
10

7 alone
1人で

8 bone
骨

9 line
線

10 one
1

語尾が n で終わっているときだけでなく、**7** alone、**8** bone、**9** line、**10** one のようにneで終わるときも同じように考えましょう。**スペルが e で終わっていても、カタカナ読みをしたときには「アローン」、「ボーン」、「ライン」、「ワン」と「ン」で終わりますよね。**こうしたケースも語尾が n の単語と同じ扱いになります。

つまり、**単語をカタカナ読みしたときに終わりの音が「ン」となる場合は全てその後に軽く「ヌ」を入れる**ということです。しかし、この場合、必ず n はあるはずなので、「n の後にはヌを入れる」で覚えてさしつかえないでしょう。

ネイティブのカウントダウンを思い出して!

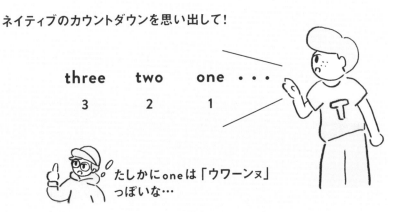

three　　two　　one ・・・
3　　　　2　　　1

たしかにoneは「ウワーンヌ」っぽいな…

文の中でも忘れずに「ヌ」を入れる

PRACTICE 次の例文を「nの後にはヌ」を意識して読んでみましょう。 TRACK 043

I go to the station to meet my friends on Sunday.

訳 私は日曜日に友だちに会いに駅へ行きます。

man、one、shine といった個々では「ヌ」を入れて読めるようになっても、文となると忘れがちです。**文を読むときでも必ず「ヌ」の音を軽く入れてあげましょう**。ネイティブの速い会話速度では必ず毎回はっきり「ヌ」と聞こえるわけではありませんが、口や舌の動かし方としては必ず n の後に「ヌ」を入れる話し方をしています。

m は「ンム」にする

PRACTICE 次の例文を声に出して読んでみましょう。 TRACK 044

Tom came to talk to my mom.

訳 トムは母に話をしに来ました。

n は「ヌ」を入れて「エンヌ」と発音しました。同じように、m も単独で読むと「エム」ではなく「エンム」です。その**「ンム」の音を単語や文の中でも入れて読むと、ネイティブらしい発音にグンと近づきます**。例えば、mom も「マム」ではなく「マンム」と読むイメージです。

alone、bone、line、one などの、語末が n 以外の文字でも、カタカナ読みして「ン」で終わる n に「ヌ」を入れました。それと同様に、m の場合もカタカナ読みして「ム」で終わる単語は、語尾が m の単

語と同じ扱いをします。came「ケイム」などがその例で「ケインム」になるということですね。

PRACTICE ┊ 次の単語を「mはンム」を意識して読んでみましょう。
TRACK
045

1 him
彼に

2 swim
泳ぐ

3 team
チーム

4 item
品物

5 aim
ねらう

6 time
時間

7 name
名前

8 come
来る

9 some
いくつか

10 home
家

　つまり、**n「ン」の音で終わる単語は「ンヌ」に、m「ム」の音で終わる単語は「ンム」に変えるということです**。そうすると発音の印象がグンと変わります。

　慣れるまではこのようにnの後ろに「ヌ」、mの下に「ンム」と書き込むようなイメージで音読練習をすると忘れにくくなりますよ。「エーンヌ、エーンム」、「ンヌ、ンヌ」、「エーンム、エーンム」、「ンム、ンム」と日頃からnとmを単独で読む練習をするのもオススメです。

POINT **慣れるまでの練習法**

○ **Oneヌ manヌ came to talk to my mom.**
　　　　ンム　　　　　　　　　　　　　ンム
㉑ 男性が母に話をしに来ました。

CHECK!

魔法の法則 № 17　＞　Nの後にはヌを入れて、Mはンムで読む

☑ n(e)「ン」の音で終わる単語は「ン」の後ろに軽く「ヌ」を入れて「ンヌ」にする

☑ m(e)の音で終わる単語は「ム」を「ンム」にする

☑ そもそもnは「エーンヌ」、mは「エーンム」

まるでネイティブのような
英語の発音が身につく

そーた式
魔法の法則

№ **18**

ing 形の音は全て
エンヌで読む

Pronounce the "ing" part like "エンヌ".

PRACTICE 次の例文を声に出して読んでみましょう。

① **I'm doing my homework.**
　㊙ 私は宿題をしています。

② **I'm eating bananas.**
　㊙ 私はバナナを食べています。

③ **I'm asking about it.**
　㊙ 私はそのことを聞いています。

　ここで会話で頻出の「ing形」の音に魔法をかけましょう。**「動詞＋ing」も日本語らしい音が残りやすい発音の1つです。**ですが、i の「母音のズレ」、n の後に「ヌ」を入れる、語末の g はサッと消す、などの法則を学び終えた今なら、ing の音をキレイに修正することができます。ズバリ、ing は「エンヌ」の音になります。

動詞＋ing のパターンを習得する

　例文①の doing を使って解説します。doing の i はしっかりズラせていましたか？　このように動詞に ing がくっついたとき、**i の音をそのまま「イ」で発音してしまいがち**ですから、気をつけましょう。

　そして、doing の g は語末にあるのでサッと消します。そうなると、n が語末に残ります。この n の「ン」の後ろには軽く「ヌ」を入れてあげるのでしたね。こうして、ing の音の完成です。**「イング」ではなく「エンヌ」**です。

例	doin ヌ　→　ドィゥーエンヌ

例文②のeatingも同じように見てみましょう。eatingの「t＋母音」は「ラ行」の音に変身するのでしたよね。そして、先ほどと同様のingの音を合わせて発音するとこのようになります。

```
例  eatin ヌ → イーレンヌ
```

　例文③のaskingは次のaboutとのつながり（リンキング）と一緒に見てみましょう。askingの a の「母音のズレ」に注意して読むと「エアスケンヌ」となります。そして、次のaboutに音をつなげて読む場合、askin aboutと「ing」の g が消えた形でつながります。文の発音では、次にくる単語が母音で始まる場合は音をつなげて読むのでしたよね。aboutの a は母音です。つまり、askin about とn＋a の音で発音されます。つなげるときは a の「母音のズレ」にも注意してください。

```
例  askin ヌ about → エァスケンネェァベェァウッ
```

　このようにingの i、n、g、をそれぞれ1つ1つの法則に当てはめて読むと、ingの読み方や「ing＋単語」の発音に変化が生じるはずです。

PRACTICE：次の単語をingの法則を意識して読んでみましょう。

1 talking 話す **2 walking** 歩く **3 singing** 歌う **4 shining** 輝く

　動詞のing形は会話の中で非常によく出てきます。しかし、残念ながらingの音への意識が非常に弱い方が多いのも事実です。**今後はing形に意識のアンテナを張るようにしてくださいね。**

1 talkin ヌ → **ターケンヌ**
2 walkin ヌ → **ウワーケンヌ**
3 singin ヌ → **センゲンヌ**
4 shinin ヌ → **シャイネンヌ**

§I'm lovin' it

　ところで、かつてマクドナルドのCMで「I'm lovin' it」というキャッチフレーズが使われていたことがありました。今は使われていませんが、「I'm lovin' it」を耳にしたことはありませんか？　そして「lovin' it」の発音は「ラヴェネッ」と発音されていませんでしたか？　それがネイティブの自然な発音なのです。

　他にも、洋楽の歌詞カードにも、ingは「in'」と表記されていることが多いです。**口語的にはこの「in'」の形で読むのがとても自然なので、ingを発音するときは、頭の中で「in'」を思い出してください。**

loving it ＝ ラヴィングイットではない

I'm lovin'it
アイム　ラヴェネッ

lovin'it
エ　ネ

§something/anything/nothingも同じ扱い

something / anything / nothingのようなthingで終わる単語も同じ扱いで読みましょう。口に出して発音してみてください。「somethin'」、「anythin'」、「nothin'」といった具合です。thの音はカタカナではどうしても表しきれません。 魔法の法則 No.23 で扱うので、そちらで詳しく説明しますね。現段階では、i は「エ」にズラすに意識を向け、ing形を読んでおいてください。

ingを読むときには「gを消してnの後にはヌを入れる」を意識できていても、「iをエに変身させる」は忘れてしまう方がとても多いです。どんなing形のときも i は「エ」にズラすことを忘れないようにしてくださいね。

CHECK!

魔法の法則 No 18 ＞ ing 形の音は全てエンヌで読む

☑ ingの音は「エンヌ」になる

☑ 母音 i を「エ」にズラし、n は「ンヌ」、語末の g は消す

単語末の「ション」は「シェン」にズラす

Pronounce " ション " at the end of a word like " シェン ".

① **I am on vacation.**
   ® 私は休暇中です。

② **I have a question.**
   ® 質問が１つあります。

③ **This is my decision.**
   ® これは自分で決めたことです。

§単語末の「ション」に魔法をかける

　これまでの法則を通じて、語末の"ちょっとした音"に細心の注意を払うことによって、発音の印象はずいぶん変わるということが分かってきたと思います。次は語末の tion の音に注目です。カタカナ読みをして語尾が「ション」となる音に魔法をかけてみましょう。**単語末の「ション」の音は「シェン」に音をズラしてあげます。**

例　vacation　　ヴァケイ**ション** → ヴェァケイ**シェン**(ヌ)

　「ション」を「シェン」にズラすだけで発音の印象がかなり変わるにもかかわらず、カタカナ英語のイメージに引っ張られて、「ション」と読んでしまっている方が非常に多いです。

PRACTICE : 次の単語を語尾の「シェン」を意識して読んでみましょう。　TRACK 049

1 situation
状況

2 action
行動

3 position
地位

4 solution
解決

5 location
位置

音をズラすと次の表のようになります。

situation	シチュエーション → セチィゥエイシェン(ヌ)
action	アクション → エアクシェン(ヌ)
position	ポジション → パゼシェン(ヌ)
solution	ソリューション → サリィゥシェン(ヌ)
location	ロケイション → ラケイシェン(ヌ)

※以下の法則も意識して読めたか確認しよう！

「ア」を「エア」にズラす（⇨ 魔法の法則 No.07 を参照）

「イ」を「エ」にズラす（⇨ 魔法の法則 No.08 を参照）

「ウ/ウー」を「イウ」にズラす（⇨ 魔法の法則 No.09 を参照）

「オ」は「ア」にズラす（⇨ 魔法の法則 No.11 を参照）

§tionの他の音のパターン

　例文②のquestionのtionも同じ要領で音をズラしてみましょう。questionのtionはカタカナ読みすると「ション」ではなく「チョン」という音です。しかし、question「クエスチョン」の「チョン」は「チェン」に変えて「クィゥエスチェン(ヌ)」です。つまり、**「ション」の音は「シェン」になり、「チョン」の音は「チェン」になる**ということとですね。

最後に、例文③のdecisionのsionにも注目してみましょう。これはスペルがtionでもなく、カタカナ読みしたときの音も「ション」や「チョン」でもありません。「ジョン」です。ですが、ここまでの流れのイメージで読むとどうなるでしょうか？　正解は「デセジェン(ヌ)」です。

このように、**スペルがtionでないときや音が「ション」以外のときも同じ要領で単語末の音をズラす**とネイティブらしい発音に変わります。ここまでの3種類のズラしのパターン例を表にまとめておきます。

口に出して、ズレを認識しながら読んでみてください。

① 「ション」 → 「シェン」				>>> TRACK 050
conversation	education	information	station	passion
会話	教育	情報	駅	情熱

② 「チョン」 → 「チェン」		
question	exhaustion	suggestion
質問	疲弊	提案

③ 「ジョン」 → 「ジェン」				
conclusion	decision	illusion	vision	version
結論	決定	幻想	視力	版

CHECK!

魔法の法則 No.19 ＞ 単語末の「ション」は「シェン」にズラす

☑ 語末の「ション」は「シェン」にズラす

☑ 語末の「チョン」は「チェン」にズラす

☑ 語末の「ジョン」は「ジェン」にズラす

＼そーたのアドバイス！／

同じ様なズレとして「プンはペン」や「スンはセン」も余裕があったら覚えて欲しいな！ 例 open：オープン→「オーウペンヌ」 / listen：リスン→「レセンヌ」

アウの音は全て
エアーウにズラす

Pronounce " アウ " like " エアーウ ".

① **How can you do that?**

㊙ それはどうやるとできるのですか？

② **Get out now!**

㊙ 今すぐ出て行け！

〰 「アウ」は「エアーウ」にズラす

　単語の中の文字に注目して、音を変化させたり、ズラしたりする解説はひとまずこれが最後となります。次の|CHAPTER 4 からは「L」「F」「V」「TH」「R」など、日本人が体得に苦戦する音についての法則をご紹介します。それでは、音の変化とズラしの法則のラストをがんばりましょう。

　カタカナ読みをしたときに「アウ」となる音の部分は「エアーウ」に音をズラします。そして慣れるまでは、魔法の法則 No.02 で練習した「音の伸び」を意識し、**母音の部分は「エア～～～ウ」としっかりと伸ばしてください。**そして「口の開き」も忘れないようにしましょう。この時に、"大げさにやるくらいがちょうどいい"ということを忘れないでください。例えば、**how＝「ハウ」のような、頭にこびりついてしまったカタカナ英語の音のイメージは、本書の法則を大げさにやることによって除去することができます。**

大げさに伸ばす方法の例	
how	ハウ → ヘエア～～～ウ
out	アウト → エエア～～～ウッ
now	ナウ → ネエア～～～ウ

PRACTICE ┊ 次の単語を「エアーウ」のズレを意識して読んでみましょう。　TRACK **052**

1	cow	2	town	3	down	4	loud	5	cloud
	牛		町		下に		大きな声で		雲

1	cow	カウ → ケェァ～～～ウ
2	town	タウン → テェァ～～～ウンヌ
3	down	ダウン → デェァ～～～ウンヌ
4	loud	ラウド → レェァ～～～ウッ
5	cloud	クラウド → クレェァ～～～ウッ

EXERCISE ┊ 次の例文をもう一度声に出して読んでみましょう。　TRACK **051**

① How can you do that?
　㉑ それはどうやるとできるのですか？

② Get out now!
　㉑ 今すぐ出て行け！

CHECK!

魔法の法則 No. 20 ＞ アウの音は全てエアーウにズラす

☑ 「アウ」は全て「エアーウ」にズラす

☑ 大げさと感じるほどにやる

☑ 口の開きと音の伸びの意識も忘れない

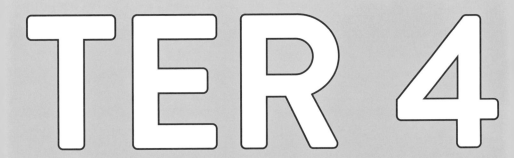

TER 4

アルファベット編

日本人が苦手な
定番の音を
マスターする魔法

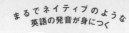

 レッスンを聴く！

まるでネイティブのような
英語の発音が身につく

そーた式
魔法の法則

№ 21

2 種類の L ①

L は舌先に全集中して鼻声で読む

Concentrate on the position of your tongue's tip.

PRACTICE : 次の例文を声に出して読んでみましょう。

Actually, I lost my wallet, and I am looking for it.

🔊 実は財布をなくして，探しているんです。

〟rとlの違いを知る

ここからは日本人が苦戦しやすい発音を練習していきましょう。まずはlです。よく聞く内容かとは思いますが、rとlを区別して発音していないと、相手に他の単語を言っていると誤解される危険があります。rice「お米」とlice「シラミ」、rock「岩」とlock「鍵を閉める」などがその代表例です。

まず、rとlの発音における違いは、**舌先を口の中の天井につけるかつけないか**です。**rは舌先を口の中の天井に全くつけない**のに対して、**lはくっつけます**。また、その舌先のつけ方にポイントがあります。

POINT lを発音するときの舌先のつけ方

- ◦ 舌先をつける場所は上の歯の裏側の付け根
- ◦ 舌先をつけるときは舌のホントに先の先
- ◦ 舌先が接する表面積はなるべく小さく
- ◦ 舌先をつけるのはほんの一瞬だけ
- ◦ **鼻声**（鼻にかかったような音）で話すイメージ

このポイントを意識しながら、**TRACK 053** と一緒に例文のActually、lost、wallet、lookingを読んでみてください。

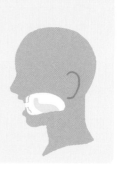

LとRの区別

L
歯の裏の付け根！
舌の先の先！
表面積は小さく！
鼻声で！

R
舌はどこにも
つかない！

日本語の「ラ行」とⅼの音は似て非なる

らっきょう、ラムネ、カルボナーラ……思い付くモノが食べ物ばかりですが（笑）、これらの単語を普段通りに発音してみてください。「ラ行」の発音をするとき、舌はどのように口の中の天井についていますか？　おそらく、舌の先より少し下の部分が天井の中心あたりにベタ〜っとついているはずです。

舌が天井につくという点では日本語の「ラ行」の音も英語のⅼの音も似ているのですが、つけ方が大きく異なります。**英語のⅼを日本語の「ラ行」と同じように発音してしまうと、ネイティブらしく聞こえなくなってしまう**ので注意が必要です。

舌先だけを歯の付け根にチョンとつける

日本語の「ラ行」の音と英語のⅼの音の違いについて、lostの現在形であるloseを例に解説します。「ルィゥーズ」とⅼに意識してまず声に出して読んでみてください。

舌のほんの先だけをチョンと上の歯の裏側の付け根につけてください。歯の付け根につく部分の「舌先の表面積」はなるべく小さくしましょう。舌先を歯の裏側の付け根につける時間はほんの一瞬で、**すぐにパンっとはじく**のがｌの基本の発音の仕方です。「ルッルッルッルッルッルッルィゥーズ」と何度かｌの部分を発音して単語を読んでみましょう。

Lは舌先をほんの一瞬だけつける

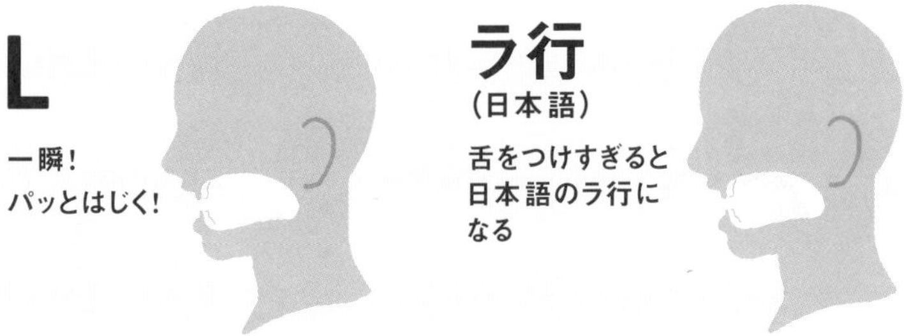
L
一瞬！
パッとはじく！
ラ行
（日本語）
舌をつけすぎると
日本語のラ行に
なる

ラッラッラッラッと鼻声で練習する

ｌの音をさらにネイティブらしい音に近づけていきましょう。そのコツが**鼻声をイメージする**ことです。TRACK 053の発音と一緒に練習してみましょう。

まずは音声を聞きながら、「ラッラッラッラッ」と一緒に発音してみましょう。最初に日本語の普段通りの「ラッラッラッラッ」と言い、その後、英語のｌのイメージで鼻声で「ラッラッラッラッ」と言い、違いを感じてみてください。日本語の「ラ」の場合とは違い、**少しカタカナの「ロ」に近いような音が出ていればキレイなlが発音できている証**です。

「舌先を上の歯の裏側の付け根につける」、「鼻声を出す」といったポイントを意識して、「ラッラッラッラッ」と練習をするとlのコツがつかめるはずです。

映画やドラマなどでネイティブが英語で言う「I love you」という発音を1度は聞いたことがありますよね。思い出してみてください。日本語の「ラブ」とは大きく異なり、「ローヴ」という鼻にかかったような音ではありませんでしたか。**音を出すコツは鼻声を意識すること**なのです。

舌先で前歯裏側の付け根を何度もタッチ！

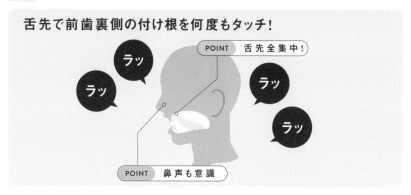

POINT 舌先全集中！

ラッ ラッ ラッ ラッ

POINT 鼻声も意識

では、ここまでのlの法則をふまえて、lとrの2つの音の違いをもっと意識しながらトレーニングをしましょう。カタカナで表記すると同じ「ラ行」でも、英語ではlとrは全く違う音です。

rの発音については CHAPTER 5 の 魔法の法則 No.30 で詳しく解説しているので、気になる方は今そちらを確認してもらっても構いませんが、ここではまずは「l」に重点を置いて、トレーニングすることにします。次の単語を音読してみましょう。繰り返しになりますが、必ずゆっくり読み上げて練習するようにしてください。

＼そーたのアドバイス！／

lでよくあるのが、舌先をベタ〜と前歯の付け根につけてしまうこと。そうなると日本語の「ラ」になるので、表面積小さく！ 一瞬ではじく！ を意識！

1	ライス	**lice** ラ~~~イス	vs	**rice** ウァ~~~イス
2	グラス	**glass** グィゥレェア~~ス	vs	**grass** グィゥウェア~~~ス
3	レッド	**led*** レ~~~ッ	vs	**red*** ウェッ
4	プレイ	**play** プィゥレ~~~イ	vs	**pray** プィゥウェ~~~イ

＊語末のdは原則消えますが、軽く「ドゥ」と入れてもOK

　カタカナでは日本語と同じ「ラ行」で表記されていますが、lは舌のつけ方や鼻声に注意した形での「ラ行」であることは忘れないでください。また、**このようにrで始まる単語のコツは「rの前にウの音を入れて読む」**ことなのです。そして、**舌は口の中のどこにも当たりません**。これについては 魔法の法則 No.30 で詳しく解説します。これでlとrの区別は完成。

　最後にもう一度、最初の例文を読んでみましょう。

EXERCISE	次の例文を声に出して読んでみましょう。	TRACK 053

Actually, I lost my wallet, and I am looking for it.

　㉘ 実は財布をなくして，探しているんです。

CHECK!

魔法の法則 No.21 ＞ 2種類のL① Lは舌先に全集中して鼻声で読む

☑ lは舌先を上の歯の裏側の付け根につける

☑ 舌先はチョンと小さく、一瞬つけるだけ

☑ 鼻声のイメージ

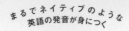

まるでネイティブのような
英語の発音が身につく

（そーた式）

魔 法 の 法 則

N° 22

2種類のL②

単語末にある L は
オに変身させる

L at the end of a word sounds like " オ ."

PRACTICE ┊ 次の例文を声に出して読んでみましょう。

TRACK
054

① **I will tell you later.**

㊙ 後で教えます。

② **I love the cool oil.**

㊙ そのイケてる油が大好きです。

〘 単語の末尾の l は 「オ」 と言う方が自然

lのもう1つの法則をお教えしましょう。それは「オ」と読むlです。**例えばwillという単語は「ウィル」ではなく「ウェオ」と読みます。** iは「エ」と発音することも復習しておきましょう（⇨ 魔法の法則 No.08 ）。過去に練習した 魔法の法則 の組み合わせですね。

同じ要領で tell は「テオ」に、oil は、「アエオ」になります。ネイティブの発音を思い返してみるとこんなふうな音に聞こえませんでしたか？　こうした単語末の l は「テル」、「オイル」といったように「ラ行」の音で表記されがちですが、実際の音は「ラ行」ではありません。**単語末の l は「オ」と発音するという意識を持つ方が、日本語母語話者にとってはすんなり理解しやすい**はずです。そして即座に発音もキレイになります。

単語末のL＝オでぐっとネイティブらしくなる！

will ➡ ウェオ

tell ➡ テオ

oil ➡ アエオ

舌は
法則21 と
同じ！

POINT でも音のイメージは「オ」

§2種類の l の区別は?

では、 魔法の法則 No.21 の l と、 魔法の法則 No.22 の「オと読む l」はどう区別するのかについて説明します。「オと読む l」は単語の末尾にある、あるいは後ろに母音がないときの l です。

例えば、 魔法の法則 No.21 のActua**ll**y、**l**ost、wa**ll**et、**l**ookingの l は次に母音の音が続いています。それに対して、 魔法の法則 No.22 のwi**ll**、te**ll**、oi**l**の l は後ろに母音が続いていないですよね。 l で終わっています。このような場合の l は「オ」と読むと自然に聞こえます。なお、この l は単語の後ろにくることが多いことをおさえておきましょう。

ただ、毎度必ず単語の後ろにくるわけではありません。child、film、silver のように l が単語の中ほどにくる場合もあります。ですが、これも l の後ろに母音の音はないので、「オ」で読むと判断しましょう。「child：チャエオッ（ドゥ）」、「film：フェオンム」、「silver：セオヴァー」となりますね。

§2種類の l のおさらい

▶ 舌先を意識して鼻声の l （ ⇨ 魔法の法則 No.21 ）

live te**l**ephone si**l**ence fami**l**y …l の次に母音の音有り

▶ 「オ」に変身する l （ ⇨ 魔法の法則 No.22 ）

devi**l** detai**l** poo**l** chi**l**d fi**l**m si**l**ver he**l**p …l の次に母音の音なし

CHECK!

魔法の法則 No.22 ＞ 2種類の L ②　単語末にある L はオに変身させる

☑ l は「オ」と読むことがある

☑ l が単語の語末にあるなど、次に母音がないとき「オ」になる

＼そーたのアドバイス！／

ちなみに、アルファベットのLを読むときも「エル」ではなく「エオ」やで。この「オ」を言うときの舌先は、前歯の裏に一瞬だけつけるあのやり方！

TH は舌と歯の間から 風を通す

Place the tip of the tongue between the teeth and release air.

1 thing
もの

2 thank
〜に感謝する

3 think
〜と思う

4 earth
地球

5 mouth
口

6 teeth
歯

7 birthday
誕生日

§thは舌を歯でかまなくても大丈夫

次はthの発音を練習してみましょう。thは日本語にはない独特な発音なので、苦戦される方も多いのではないでしょうか？ よくある説明として「thは舌を歯でかんで発音する」というものを聞いたこともあるかもしれません。

ですが、**実はthは舌を上の歯の裏側に軽〜くチョンと当てるだけで良い**のです。**最も大切なポイントは「舌と歯の間にどれだけ風通しの良い空間を作ってあげられるか」**です。ただし、いきなり舌を歯の裏側に当てても上手くthの音を出せません。次のステップで練習してみてください。

POINT th発音のステップ

○ ステップ① sとthの違いを知る
○ ステップ② 歯に舌を挟む（押し出す）
○ ステップ③ 風通しを良くする
○ 番外編　歯の裏に舌を当てる

⟨⟨ステップ① sとthの違いを知る

| PRACTICE : 例文を声に出して読んでみよう。 | TRACK 056 |

このさしみは塩コショウと醤油でささっとしちゃう?

　深い意味は考えずに、この日本語の文を普段通りに読んでみてください。「さしすせそ」の音を発音するとき、舌はどの位置にありますか?　**おそらく舌の先は歯に全く触れていないはず**です。**このときの舌の位置は英語の s を発音するときとほぼ同じ**です。

　今度は日本語と英語を交互に読んで、確認してみましょう。「日本語のサ行」と「英語の s」の舌の位置は同じと考えるので、「日本語のサ行」を読む感覚で英単語を読んでみてください。

| PRACTICE : 次の単語を左から順に声に出して読んでみましょう。 | TRACK 057 |

さとう → song → すいか → soup → せみ → same

　s の発音は、後述する 魔法の法則 No.37 「アルファベットを鋭く読む」など、英語ならではの特徴はありますが、**基本的に日本語の「サ行」＝英語の s** と考えてさしつかえありません。一方で、thを発音するときの舌の位置は、sとは大きく異なります。

　カタカナ書きすると、thing「シング」、thank「サンク」、song「ソング」、same「セイム」と、thもsも同じ「サ行」で表されますが、2つの発音の方法は異なり、その違いは**舌の位置がポイント**になっています。

さとう   song
サング

※英語のSの方が息を勢いよく吐いて
「ッツッサング」のような音にはなる

《ステップ② 歯に舌を挟む（押し出す）

では、thの発音の方法を見ていきましょう。一般的に「thは舌を
かむ」と言われていますが、厳密に言うと「舌をかむ」という表現
は少々語弊があります。「舌を上下の歯の隙間に押し出してあげる、
その結果、舌を歯でかんでいるかのような状態になる」くらいが妥
当かと思います。**「舌を歯の間に挟みにいく」**と言っても良いでしょ
う。

thの部分で、舌を上下の歯の隙間に押し出すことを意識して、次
の単語を読んでみましょう。

PRACTICE 次の単語を声に出して読んでみましょう。

TRACK
058

1 thing　**2** thank　**3** think
　もの　　　〜に感謝する　　〜と思う

舌はほんの少し押し出すだけで構いません。そのとき、押し出し
た位置で歯の上下が舌に当たっていますか？　**この状態が一般に「th
は舌をかむ」と言われている状態**です。しかし、実際は、歯で舌を
かみにいくのではなく、舌を歯に当てにいく。この「舌主体」のイ

メージがthの発音にはピッタリでしょう。

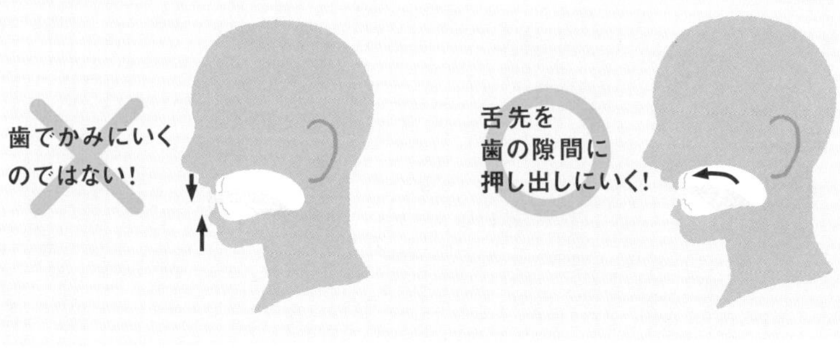
舌を歯に自ら当てにいくイメージ！
歯でかみにいく
のではない！
舌先を
歯の隙間に
押し出しにいく！

ステップ③ 風通しを良くする

可能な限り音声と一緒に練習してください。舌を上下の歯の隙間に押し出した後からがthの発音において非常に大切なステップです。**thの最も大切なポイントは、「どれだけ歯と舌の隙間から風が通っているか」**ということです。**この風通しをベストな状態に調節しないと、thの発音はキレイに聞こえない**のです。

thing、thank、think でもう1度練習しましょう。先ほどと同様に舌先を歯の隙間に押し出し、ストップしてください。そしてその状態で息を吐いてみてください。「ズズッズズッズズズ」と音がつまっている場合、それは舌先を歯に強く当てすぎているか、舌を歯で強くかみすぎてしまっている証拠です。**理想はスーーーーーっと風が通り抜ける状態**です。

舌先と歯のスキマから風を通そう!

舌先を歯に
強く当てすぎ?

舌を歯で
かみすぎ?

ズッ
ズズッ

力をゆるめる!
強く当てない!

ス――――

これがよく陥りがちなthの発音の落とし穴の1つです。**「thは舌をかむ」と思うあまり、舌をかみすぎてしまい風の通り道がなくなり、キレイなthの音が出ない**のです。そうなると、例えば「thing」の発音は「ティング」のようになります。

　風通しが少ない方は、少し舌を歯に押しつけている力を弱めてみてください。もしくは、舌をかんでいる状態の歯の力を緩めてみてください。**スーーーっと爽やかな風を通してあげましょう**。はい、キレイなthの音の完成です。慣れるまでには時間がとてもかかるとは思いますが、"風を通すイメージ"でthを発音する意識を持ちましょう。

　ここまでのステップを意識してもう一度練習をしましょう。

EXERCISE : 次の単語を声に出して読んでみましょう。

TRACK
055

1 thing
もの

2 thank
〜に感謝する

3 think
〜と思う

4 earth
地球

5 mouth
口

6 teeth
歯

7 birthday
誕生日

＼そーたのアドバイス! ／

風が通らない人は! 「ス〜〜」とthの発音をしながら、舌の力をゆるめたり、かんでいる歯の力をゆるめて「ベストな風通し」になるまで調節してや!

⧙番外編　歯の裏に舌を当てる

　ここまでは舌を歯の隙間に押し出し、結果的に舌を歯でかんでいるように見える状態を作ってきましたが、本当はここまでやらなくても似たような音が出せます。

　それは**舌を上の歯の裏にチョンと当ててあげる方法**です。実はネイティブも早い速度の会話ではこの方法でthの音を出すことが多いのです。**そうするだけで、同じ音を出すことができます。**

　もう一度先ほどの **PRACTICE** を使って実際にやってみましょう。thの部分を発音するときに、舌先を前歯の裏にチョンと当ててみてください。ここでも先ほどの"風を通すイメージ"が大切になってきます。舌先と上の歯の裏の隙間に風の通り道を作ってあげましょう。**舌先を歯の裏に強く当てすぎると、また「ズズッズズッズズズ」と音がつまってしまうので注意**しましょう。

PRACTICE：次の単語のthを舌先を上の歯の裏にチョンと当てて読んでみましょう。TRACK 059

1 thing もの　2 thank 〜に感謝する　3 think 〜と思う　4 earth 地球
5 mouth 口　6 teeth 歯　7 birthday 誕生日

　TRACK 059 の発音聞くと、先ほどの「舌を歯の隙間に押し出したときのth」と、「舌を歯の裏にチョンと当てたときのth」では違いがないことがわかるはずです。つまり、**舌の位置は歯の隙間に押し出しても、歯の裏に当ててもどちらでも良いということ**ですね。何よりも**大切なのは風がしっかりスーーーと通っていること**だとい

うことをよく覚えておいてください。

　ただ、earth、birthdayなどのように直前に r があった後のthの場合は難しいかと思います。今は上手にできていなくても大丈夫です。そしてrの発音のコツは後ほど解説するので、本書を2周3周と読み返したとき、きっとearth、birthdayも今よりも格段に上手に発音できるようになっているはずです。

《音が濁るthは「ザ行」ではなく「ダ行」

PRACTICE : 次の単語を声に出して読んでみましょう。　　TRACK 060

1 father	2 mother	3 weather	4 with
父	母	天気	～と

5 these	6 those	7 the	8 this
これら	あれら	その	これ

　ここまではthing「**シング**」、thank「**サンク**」、think「**シンク**」、earth「アー**ス**」、mouth「マウ**ス**」、teeth「ティー**ス**」、birthday「バー**ス**デイ」といった音が濁らないthの発音練習をしてきました。

　他方で、father「ファー**ザー**」、mother「マ**ザー**」といった、カタカナ読みすると音が濁るthもあります。この音が濁るthにもコツがあり、先ほどの"風を通すイメージ"の練習が活きてきます。

《thの根本的な発音の方法は全て一緒

　father、motherはカタカナ書きすると「ファーザー」、「マザー」となりますが、このthの**英語での発音は「ザ行」ではなく、どちらか**

というと「ダ行」の音に近いです。つまり、「フェァーダー」、「マダー」といった感じでしょうか。「ダ行」の音になる理由を解説します。

thing、thankなどの「音が濁らないth」と、father、motherなどの「音が濁るth」の発音の方法は根本的には同じです。舌先と上の歯の隙間に風が通るイメージで発音します。

では先ほどの「音が濁らないth」と同じやり方で、fatherを発音してみてください。ただし、今回は音が濁るので、「th」を言う部分を「ザ」で発音してみましょう。

すると、fatherやmotherのthは結果的に「ダ行」の音に聞こえるはずです。

《音が濁るthはdの音に近い

次はfather、motherの両方を読んでみましょう。thの部分を発音するときに舌先を上の歯の裏にチョンと当て、風を通しながらfather、motherと読んでみてください。thの部分で「ザ」と言おうとしても、舌を上の歯の裏にチョンと当てて発音すると、「フェァーダー」、「マダー」のような音が出ていませんか?　それが、音が濁るthの正しい音です。「フェァーザー」や「マザー」ではありません。

つまり、音が濁るthの音はdの音に極めて近いのです。ただ、完全な「ダー」にするとdと全く同じ音になってしまうので、舌先を上の歯にベタ～っとつけないようにしてください。チョンと当ててあげる、このイメージをくれぐれも忘れないでください!

1	father	ファーザー → フェアーダー
2	mother	マザー → マダー
3	weather	ウェザー → ウェダー
4	with	ウィズ → ウェドゥ
5	these	ジーズ → ディーズ
6	those	ゾーズ → ドーウズ
7	the	ザ → ダ

CHECK!

魔法の法則 No 23 › TH は舌と歯の間から風を通す

☑ thの音は歯と舌先の隙間から風を通す

☑ 舌を歯の裏に強く当てすぎない

☑ スーッと風を通すことを忘れない

☑ 濁るthの音も発音方法の基本は同じ

☑ 濁るthは d の音に極めて近い

ＦとＶは息を
勢いよく吐く

Touch the upper teeth to the lower lip and breathe out.

1 face	2 fine	3 feel	4 shift	5 leaf
顔	すばらしい	感じる	〜を移す	葉
6 voice	7 very	8 visit	9 live	10 seven
声	とても	〜を訪れる	生きる	7

∬fとvはまとめて覚えよう

　"風を通すイメージ"のthの感覚がつかめたら、この流れのまま、f
とvの感覚もつかんでしまいましょう。fとvは口の動かし方が似
ているので、まとめて覚えるのが最適です。

　2つの口の動かし方はほぼ同じで、違いは**fの場合には音が濁らず**、
vの場合には音が濁るということのみです。これもステップを踏ん
だ練習がカギとなるので、f→vの順で解説していきます。

※単語のスペルがfでも音が濁る単語が例外的にあります（**例**：of）。その場
　合vと同じ扱いで構いません。

POINT ▶ fの発音のステップ

- ○ ステップ① フーと息を吐く
- ○ ステップ② 下唇を軽くかんでフーと息を吐く
- ○ ステップ③ そのまま「フッフッ」と発音する

POINT ▶ vの発音のステップ

- ○ ステップ① フーと息を吐く
- ○ ステップ② 下唇を軽くかんでフーと息を吐く
- ○ ステップ③ そのまま「ヴッヴッ」と発音する

⸖ステップ① フーと息を吐く

　まずは何も考えずに大きく息を吸って、フーーーーと吐いてみてください。**fとvの発音をキレイにするためにはこの息を吐いて"風を通すイメージ"が大切**になります。なぜこの息を吐くようなイメージが大切かというと、**息を吐く感覚が欠けていると、結果的にhやbのような音になってしまう**からです。

　ちなみに、hとbは日本語の「ハ行」と「バ行」の音に極めて近いです。hot、boxなどのhとbの音は、日本語の「ハ行」と「バ行」の音と同じようなイメージで読んで問題ありません（「音の伸び」、「ノド声」、「母音のズレ」には注意）。しかし、fとvはこのhとbの読み方と区別しないといけないのです。

⸖ステップ② 唇をかんでフーと息を吐く

　その区別をするために、次は下唇を上の前歯で軽くかみ、先ほどと同じようにフーーーーと息を吐いてみてください。そして、thで意識した**"風通しの良さ"を今回も意識**してみましょう。唇を歯で強くかみすぎると風通しが悪くなってしまうので要注意です。フーーーーと**爽やかな風が通る程度の力加減**を調節してみましょう。これがfの発音です。

§ ステップ③ そのまま「フッフッ」と発音する

　風通しを意識したまま、次は「フッフッ」と勢いよく読んでください。この際、**可能な限り勢いよく「フッフッ」と読む**ことがhの音と区別するコツです。**fの音は勢いよく風が通り抜けるのです**。

　ここまでのステップを意識して、次の単語を読んでみましょう。

| PRACTICE 次の単語を声に出して読んでみましょう。 | TRACK 062 |

1 face 顔　**2** fine すばらしい　**3** feel 感じる　**4** shift 〜を移す　**5** leaf 葉

　fは日本語にはない独特な音です。fの部分でしっかり勢いよく息を吐いて、**大げさに目立たせるくらいのつもりで練習すると、日本語の「フ」の音から離れられる**のです。

　例えば日本語で言う「ファインプレー」の「ファイン」の部分には、この息を吐いて際立たせる感覚はありませんよね?　その日本語の感覚のまま英語のfを読まないように注意してくださいね。僕もいまだにfの発音をするときは「息を吐かなきゃ」と意識して、**「フッ」と吐いて音をアピール**するように心がけています。

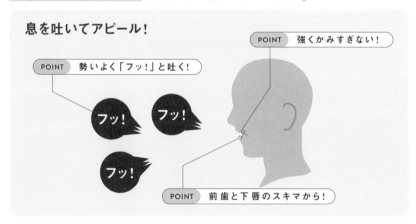

息を吐いてアピール!

POINT　強くかみすぎない!

POINT　勢いよく「フッ!」と吐く!

フッ!　フッ!

フッ!

POINT　前歯と下唇のスキマから!

そーたのアドバイス!

　今まで英語の発音をする上で「風通しの良さ」は意識したことなかったはず!でも英語には「風通し」や「息使い」がかなり大切やねん!

⟨⟨ v も f のステップと途中までは同じ

　f のステップ①〜③ができていれば、v の発音は簡単です。f と同じように息を勢いよく吐くことを忘れずに、音を濁らせて「ヴッヴッ」のイメージで声に出すだけです。そして、f より少しだけ前歯に力を加えるイメージで唇をかむと v の音が出しやすくなります。**「ヴーーーー」と伸ばして読んだときに、唇が軽く震え続けるようなイメージ**で息を吐き続けてみましょう。

　それでは、もう一度次の v を含む単語を読んでみましょう。

PRACTICE : 次の単語を声に出して読んでみましょう。　TRACK 063

6	voice	7	very	8	visit	9	live	10	seven
	声		とても		〜を訪ねる		生きる		7

⟨⟨ v の発音ができているかチェックする方法

　v がうまく発音できているか心配な方は、人差し指の腹を軽く唇に当てながら、「ヴッヴッヴッヴッ」と言い、**唇が軽く振動しているかチェック**してみてください。息を勢いよく吐く振動が感じられれば、v の音がしっかり出せている証拠です。

　逆に、振動が指の腹から感じられていない場合は、v の音がしっかり出せていません。しっかりと息を勢いよく吐いてこの**振動を目立たせる意識が、b と区別して v を発音できるようになるコツ**なのです。

　特にliveといった v の発音が語末にくる単語やsevenのように語中にくる単語は要注意です。というのも、v から始まる単語では息を

しっかり吐けても、vが語末や語中にくる単語では息が吐き足りず
音が目立たないケースが非常に多いからです。「レヴ」、「セヴンヌ」
の部分で、意識的に息をしっかり吐いてvの音を目立たせる必要が
あります。

CHECK!

魔法の法則 No.24 ＞ FとVは息を勢いよく吐く

- ☑ fとvは下唇を軽くかんで、息を勢いよく吐く
- ☑ vはfより少しだけ強く下唇をかむイメージ
- ☑ vができているか、唇の振動でチェック
- ☑ 単語のどの位置にきても、fとvは息を勢いよく吐くことを忘れ
  ない

本書の発音の法則はアメリカやカナダといった、北米圏の発音やアクセントを対象としています（日本の英語教育や教科書で学ぶ英語は基本的にアメリカ英語です）。けれども、世界の英語には異なった発音やアクセントが存在します。皆さんも世界の方々とコミュニケーションを取る上で、本書の説明通りに発音していないネイティブの英語話者に出会うこともあるかもしれません。びっくりしないでくださいね。

本書で扱っている アメリカ英語 とよく対比される イギリス英語 の特徴を少しだけ話しておくことにしましょう。もちろん、「FとVは息をしっかり吐く」のような、国を問わず両アクセントに共通している発音のルールもあります。

しかし、例えば、bagは「ベェァッグ」と「母音をズラす」ことを本書の前半で解説しましたが、じつはイギリス英語の場合、この「ア(a)」をアメリカ英語ほどはズラしません。また、次章から解説する「R」の音を、アメリカ英語では「舌をしっかり巻く」のに対して、イギリス英語では「ほぼ舌は巻かない」のです。

CHAP

大切なRの発音編

Rの音が
キレイに出せる魔法

まるでネイティブのような
英語の発音が身につく

そーた式
魔法の法則

№25

R はアヒル口の
「ウー」でぶりっ子する

Form the lips like a duck's bill.

Do you know her?
Her words hurt me.

㉘ 彼女を知っていますか？　彼女の言葉に傷つきました。

§r は音の伸びを作る大切な要素

| CHAPTER 5 では、r の発音を練習していきます。r は英語の発音における生命線とでも言うべきと〜っても大切な音です。この章で r の発音をマスターしていきましょう。

　ではここで、魔法の法則 No.02 の「音をしっかり伸ーばーす」を思い出してみましょう。英語には「音の伸び」が必要で、その「伸び」を作るのは母音と r であると説明しました。

　ですが、僕の経験上、非常に多くの学習者の発音には、この r の音が全く入っておらず、「音の伸び」が完全に消え去ってしまっているのです。

§r は口を「ウー」と突き出す

　では、どうすれば r の音が消えずに、「音の伸び」を目立たせることができるのか？　ズバリ言うと、**"口の形"から意識を変えること**です。r の発音はどんなときも口を「ウー」の形にし、唇をできる限り前に突き出すイメージを持ちましょう。もっと平たく言えば、ア

ヒル口をしてぶりっ子するイメージです。この"口を前に突き出す動作"なくして、rの音は絶対にキレイに聞こえないのです。

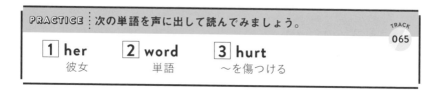

PRACTICE ┊ 次の単語を声に出して読んでみましょう。

TRACK
065

1 her
彼女

2 word
単語

3 hurt
〜を傷つける

1 her **ハー**　　2 word **ワード**　　3 hurt **ハート**

カタカナ読みをするとこれらのrの部分は「アー」の表記となりますが、**rの部分で口をウーと突き出してrの発音をするので、自然と「ウー」に近い音になります**。この「ウー」のような音の要素が含まれているかどうかで、rの発音の印象は大きく変わるのです。これはカタカナでは表せない音です。

§rを体得するには舌の筋肉を鍛える

魔法の法則 No.26 で詳しく解説しますが、**rの発音はまず舌を根元あたりからしっかり巻くクセをつけるところから始まります**。実を言うと、最終的にはrは舌先を軽く持ち上げるだけで良いのですが、rのような音がない日本語を話す私たちにとって、舌先を軽く持ち上げるだけでは、**最初はキレイなrの音が出せない**のです。

これは僕の実体験ですが、舌をしっかり巻く練習を毎日していると、ある日突然、「今日は舌を巻きやすい!」、「rの音がキレイ!」という日が来ました。また、発音のコーチングに携わっているなかで学習者の方が舌を巻くトレーニングを続けることで、次第にrの音をキレイに出せるようになる過程を何度も見ています。**「舌をしっ**

かり巻く」練習をすれば、舌の筋肉は次第に柔らかくなり、キレイ
な r の音を出しやすくなるのです。

〰舌を巻くスペースを作る

　「舌をしっかり巻く」ためには、まず口の中に舌を巻くためのスペー
スを作る必要があります。口を「ウー」と突き出してアヒル口にす
ることによって口の中にスペースができませんか？　そうやって**十
分にスペースを確保したうえで舌をしっかり巻くと、ネイティブの
ような r の音が出しやすい**のです。

　その反対に、口を「ウー」と突き出さずに舌を巻くと、スペース
が足りず舌先だけでしか巻けないはずです。**これが日本人がネイティ
ブのような r の音を出せない要因の1つ**なのです。

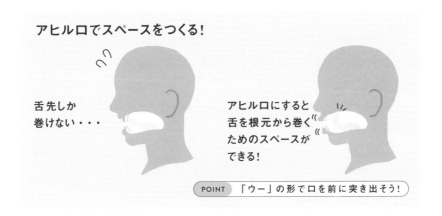

アヒル口でスペースをつくる！

舌先しか
巻けない・・・

アヒル口にすると
舌を根元から巻く
ためのスペースが
できる！

（POINT）　「ウー」の形で口を前に突き出そう！

＼そーたのアドバイス！／

　今後は「R」のアルファベットを見たら「口はウー！」「口はウー！」「口は
ウー！」を、絶対に忘れんとってほしい。これホンマにめちゃ大事やねん。

EXERCISE 次の例文をもう一度声に出して読んでみましょう。 TRACK 064

Do you know her? Her words hurt me.

㊞ 彼女を知っていますか？ 彼女の言葉に傷つきました。

舌の巻き方は次の魔法の法則 No.26でくわしく解説するので、とにかく今はｒを見たら、アヒル口にして唇を「ウー」と突き出すことだけを徹底的に意識して読んでみてください。

Do you know he**r**? He**r** wo**r**ds hu**r**t me.

黄色マーカー部分が口を前に突き出す箇所です。her、words、hurtのように短い単語であれば、ｒで口を突き出すことはまだ忘れにくいはずです。けれども、少し長い単語、例えば、unde**r**stand、yeste**r**day、wonde**r**ful、Satu**r**dayなどの真ん中に挟み込まれているｒは口を突き出すことを忘れてしまう人が非常に多いです。

その結果、ｒの音が聞こえない上に「音の伸び」が消えてしまいます。**慣れるまでは下のように単語を分解するイメージで、しっかり口を「ウー」のアヒル口にするクセをつけてあげましょう**。

un — **der** — stand　　yes — **ter** — day

won — **der** — ful　　Sa — **tur** — day

舌を巻く？ 丸める？ 持ち上げる？

ｒの発音のし方については「舌を巻く」、「舌を丸める」、「舌を持ち上げる」と様々な説明がされることがあります。個人的には**これらの説明は“どれも間違っていない”**と考えています。自分に最もあう方法を習得してください。

　ただ、1つだけ情報を付け足すのなら、**舌の筋肉が鍛えられるま**
では"舌の根元からしっかり巻く、丸める、持ち上げるといった意識"
を忘れないようにしてください。このトレーニングが最終的に、舌
先を軽く持ち上げられるテクニックにつながってきます。

CHECK!

魔法の法則 №.25 ＞ R はアヒルロの「ウー」でぶりっ子する

- ☑ r の発音をするときは口を「ウー」とアヒルロで突き出す
- ☑ 「ウー」と突き出すことによって舌が巻けるスペースができる
- ☑ r の音は「伸び」を作る大切な要素
- ☑ 舌の筋肉を鍛え、舌の根元からしっかり巻く

まるでネイティブのような
英語の発音が身につく

そーた式
魔法の法則

№26

"まずは"R は
舌をしっっっっかり巻く

First curl the tongue back.

PRACTICE : 次の単語を声に出して読んでみましょう。

1 her
彼女

2 hair
髪の毛

3 word
単語

4 understand
〜を理解する

5 yesterday
昨日

6 wonderful
すばらしい

7 car
車

8 star
星

⟨⟨ まずは r をしっかり巻く理由

　ここまでは r の"口の形"に注目してきました。次は"舌の使い方"を意識してみましょう。結論から言うと、**私たち日本語母語話者は r の発音に慣れるまで、舌を根元からしっっっっっかり巻くクセをつける必要があります**。

　なぜ、"私たち日本語母語話者"という表現をしたかというと、**実はネイティブはそこまでしっかり舌を巻いていない**からです。**彼らは舌先を軽く持ち上げるだけでキレイなrの音を出せる**のです。そのため、ネイティブが r の発音を解説すると、「舌は巻かない！　舌は軽く持ち上げるだけでいい！」と言う人がしばしばいます。

　ですが、それはあくまで r の発音に幼少期から慣れているネイティブだからできることであって、**私たちが最初から彼らと同じように舌を動かしてもキレイな音が出ない**のが現実なのです。もちろん、最終的な皆さんのゴールは、舌先を軽く持ち上げるだけでキレイな r の音を出せるようになることですが、それにはまず舌を鍛える訓練をたくさん積むことが必要です。

　僕も今となっては舌先を軽く持ち上げるだけでキレイな r の音を

出せるようになっています。しかし、それは長年に及ぶ舌の訓練をしてきたからであって、最初から今のようにはいきませんでした。舌を根元からしっかり巻くトレーニングをすることで、**舌の筋肉が発達し鍛えられれば、舌先を軽く持ち上げるだけでもキレイなrの音が出せるようになる**のです。その「舌を鍛える方法」を今から解説しますね。そして必ず音声と一緒に進めるようにしてください。文字だけでは習得に限界があります。

POINT rの発音のステップ

- ステップ① 舌を半分に折りたたむ
- ステップ② ウーと口を突き出して口の中にスペースを作る
- ステップ③ 舌を持ち上げる
- ステップ④ 舌の中心にくぼみを作る

⟩ステップ① 舌を半分に折りたたむ

　舌を根元からしっかり巻くと聞いても、どのように巻くかわからない方も多いと思います。**そのような人はまずは、舌を半分に折りたたむ"イメージを持つ"ところから始めるとよい**でしょう。実際には舌を半分に折りたたむことは不可能ですが(笑)、**それほどのイメージを持って舌を巻くと"しっかり巻く訓練"ができる**はずです。ではそのイメージで次の単語を読んでみてください。

PRACTICE ： 次の単語を舌を巻くのを意識して、読んでみましょう。

TRACK
067

| 1 | her 彼女 | 2 | word 単語 | 3 | understand 〜を理解する |

| 4 | yesterday 昨日 | 5 | wonderful すばらしい |

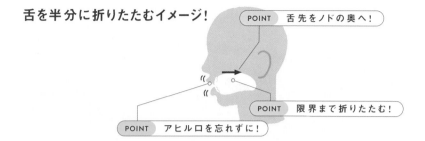

舌を半分に折りたたむイメージ!

POINT　舌先をノドの奥へ!

POINT　限界まで折りたたむ!

POINT　アヒルロを忘れずに!

〟ステップ②
ウーと口を突き出して口の中にスペースを作る

　舌先をノドの奥に向け、しっかり奥まで入れて、舌を半分に折り
たたみましょう。舌を半分に折りたたむというのはあくまでイメー
ジなので、ちょうど半分でなくても大丈夫です。**とにかく"舌の筋**
肉を鍛えるために"限界まで舌を巻いてみましょう。

　そして、口はしっかり「ウー」と突き出してアヒルロをするのが
ポイントです。**この時に「ウー」と突き出している唇から舌先まで**
の距離が、長ければ長いほどキレイなrの音が出ます。つまり、唇
はなるべく前に突き出し、舌先はなるべく奥に持っていき、唇から
舌先までの距離を可能な限り長くしてあげる。この特訓が舌の筋肉
を鍛えるためにはと〜っても大切です。

POINT　唇から舌先の距離を長く!

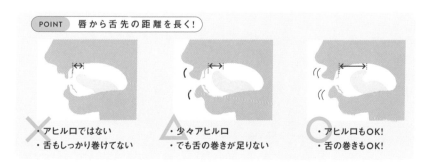

・アヒルロではない
・舌もしっかり巻けてない

・少々アヒルロ
・でも舌の巻きが足りない

・アヒルロもOK!
・舌の巻きもOK!

《ステップ③　舌を持ち上げる

　次は「舌を根元からしっかり巻く」トレーニングをしてみましょう。ここまでは舌を半分に折りたたむ練習をしました。次は折りたたんだ状態で、舌の根っこを持ち上げるイメージで上にあげてみましょう。そして限界まで上げたところで止めてみてください。

　そしてそのまま声を出してみましょう。「ア゛ア゛──」のような、「ア」と「ウ」が混ざった音が出ていますか？　これが r の音です。「アー」のような音を出してはいますが、**口は「ウー」とアヒル口で突き出しているので、「ア」と「ウ」が混ざった音が出ています**。

　これが、r の発音をキレイにするための舌のエクササイズです。最初はうまくできなくても安心してください。最初からうまくできる人はいませんので。

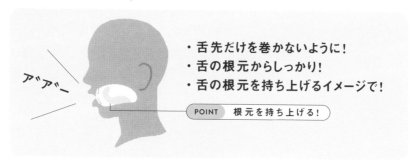

・舌先だけを巻かないように！
・舌の根元からしっかり！
・舌の根元を持ち上げるイメージで！

POINT　根元を持ち上げる！

《ステップ④　舌の中心にくぼみを作る

　舌を折りたたむイメージで舌の根っこを上に持ち上げると、舌の中心あたりにくぼみができませんか？　このくぼみができることによってキレイな r の音が出せるようになります。**このくぼみを作れているかどうかが、r の発音がマスターできているかのバロメーターに**

なるのです。

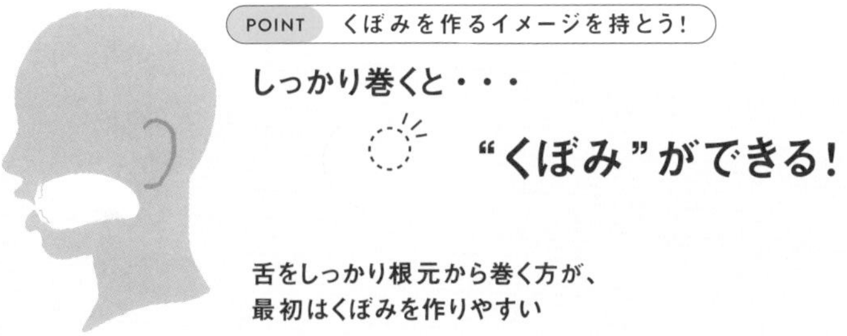
POINT くぼみを作るイメージを持とう！
しっかり巻くと・・・
“くぼみ”ができる！
舌をしっかり根元から巻く方が、
最初はくぼみを作りやすい

しっかり根元から舌を巻かないと、このくぼみが作れないはずです。それが“舌を鍛える訓練”が必要な理由です。**舌の筋肉が発達していないとこのくぼみは作りにくい**のです。その逆に、このくぼみが作れると、最終的には舌先を軽く持ち上げるだけで、r のキレイな音が出せるようになるのです。

PRACTICE 次の単語を舌のくぼみを意識して、読んでみましょう。 TRACK 068

1 **her** 彼女　2 **word** 単語　3 **understand** ～を理解する

4 **yesterday** 昨日　5 **wonderful** すばらしい

マスターには最低でも半年はかかる

初心者の方によくあるのが、舌先だけを巻いてしまっていて、十分な r の音が出ていないことです。僕の経験上、**舌を根っこから持ち上げてくぼみを作れるようになるには、早い人でも半年を要します**。舌の筋肉を鍛えるためにはそれだけ訓練が必要ということです。可能な限り毎日、しっかり舌を根元から巻く意識を持って練習してくださいね。

魔法の法則 №26 ＞ "まずは"Rは舌をしっっっかり巻く

✔ rの発音は舌を折りたたむイメージでしっかり巻く

✔ 「ウー」と口を突き出さないとキレイな音は出ない

✔ 「ウー」と突き出す唇から、巻いている舌先までの距離が長いほど良い

✔ rの発音はマスターに最低半年はかかる

そーたのアドバイス！

正直、文字を読んでいるだけだと困惑するでしょ？（笑）音声を聞くと、「口の形」や「出すべき音」がわかりやすいから参考にしてや！

2 種類の R ①

舌を大きくゆっくり巻く R をマスターする

Type-1 R: Curl the tongue tip back slowly.

My heart is beating fast.

訳 心臓がドキドキしています。

§2種類の r の違いを知る

ここまでは r の"口の形"や"舌の使い方"を練習してきました。今後、r を含んだどの英文で練習をするときも、アヒル口の「ウー」や舌をしっかり根元から巻くことは忘れずに、読み進めていってください。その r の基礎を前提に、もう少し r の知識を深めていきましょう。

r には2種類の舌の"巻き始め方"があります。**「舌を大きくゆっくり巻き始める r」**と**「舌をすぐに早く巻き始める r」**です。2種類とも"口の形"は「ウー」でアヒル口にするのは同じです。**ポイントは"巻き始め方"**なのです。

POINT 2種類の r の舌の巻き始め方の違い

○ heart → 舌を大きくゆっくり巻き始める r
　　　　　（スペルにarが含まれることが多い）

○ hurt → 舌をすぐに早く巻き始める r
　　　　　（スペルに ar 以外が含まれていることが多い）

※詳しい説明は後ほどあるのでご安心ください。

＼そーたのアドバイス！／

heart も hurt もカタカナでは両方とも「ハート」になりますよね。でも「舌の巻き始め方」で区別できてないと、相手に正しく伝わらんねん。

舌を大きくゆっくり巻く r の発音のコツ

POINT 舌を大きくゆっくり巻く r のステップ

- ○ ステップ① 始まりは「アー」と言いながら口を軽く開く
- ○ ステップ② 「アー」と口を開いた状態から舌を巻き始める
- ○ ステップ③ 舌を大きくゆっくり巻いていく
- ○ ステップ④ 魔法の法則 No.25 の口、つまりアヒル口の「ウー」にする
- ○ ステップ⑤ 魔法の法則 No.26 の舌、つまりしっかり巻いて「ウー」のまま止めるイメージ

PRACTICE：次の単語を舌を大きくゆっくり巻くのを意識して読んでみましょう。 TRACK **070**

1 smart	2 party	3 arm	4 market
利口な	パーティー	腕	市場

5 target	6 far	7 car	8 bar	9 star
標的	遠い	車	バー	星

　舌を大きくゆっくり巻き始める r の単語を発音するコツは、**まず「アー」の形で口を軽く開け、そこから舌をゆっくり大きく巻いていくことです**。例えばsmartでは、「スマー」の「マ」を言い始めたときはまだ舌は巻かず、「アー」の形で口を開きます。そして「マーー」と伸ばし始めたときにゆっくり、大きく舌を巻いていき、口の形は「ウー」にもっていきます。

最初は舌を巻かない！

ところで、「始まりは『アー』と言いながら口を軽く開く」と言えども、それはあくまで舌を巻き始める前の口の形です。魔法の法則 No.25、魔法の法則 No.26で練習した通り、**舌を巻く r はどんなときも最後は「ウー」のアヒル口になるように意識**しましょう。

　また**「舌を大きくゆっくり巻く r」は単語のスペルに「ar」が含まれることが多い**です。

　一般的に、舌を大きくゆっくり巻き始めるarの r は、発音記号の解説などを見ると、「口を『アー』の形で舌を巻く」と説明されており、最後の口の形は明記されていません。しかし、それは私たち日本語母語話者向けの説明としては少し不親切です。r の舌をしっかり巻くスペースを作るために、必ず最後は「ウー」のアヒル口に持っていくことを忘れないでください。

最後はアヒル口に持っていく

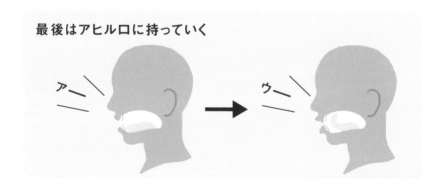

ア―　　　→　　　ウ―

　魔法の法則 No.26で説明したように、口は「ウー」とアヒル口にし、舌を巻くスペースを作ることでキレイな r が出せるのです。口を「アー」のままにしていると舌が巻きにくくなってしまいます。それにより、r の音が消え落ちてしまっている学習者をたくさん見てきました。**必ず r の発音のときは、口は「ウー」のアヒル口で前に**

突き出す意識を忘れないでください。口を「ウー」にした r の良い例と、「アー」にしたままの r の良くない例は次の TRACK 071 を確認してみましょう。

▶ 良い例：口を「ウー」にした r　　　　　　　　　　>>> TRACK **071**

smart　party　arm　market　target　far　car　bar　star

▶ 悪い例：口を「アー」にした r

smart　party　arm　market　target　far　car　bar　star

CHECK!

魔法の法則 No.27 ＞ 2種類の R ①　舌を大きくゆっくり巻く R をマスターする

☑ 最初は舌を巻かずに「アー」の口の開きから始める

☑ 舌はゆっくり大きく巻き始め、最後は「ウ」の形

☑ 舌をゆっくり大きく巻く r は、単語のスペルに「ar」を含むことが多い

まるでネイティブのような
英語の発音が身につく

そーた式

魔法の法則

№28

2種類のR②

舌を早く巻く
Rをマスターする

Type-2 R: Curl the tongue tip back quickly.

PRACTICE 次の例文を声に出して読んでみましょう。 TRACK 072

Her words hurt me.

㊟ 彼女の言葉に私は傷つきました。

舌を早く巻く r の発音のコツ

次に、舌をすぐに早く巻き始める r です。同じ「ハート」でもheart と hurt の2種類があるということは魔法の法則 No.27で説明しました。この2種類の発音の違いは、傾向として、単語のスペルにarがあるかないかによるのでしたね。arがあるときは「舌を大きくゆっくり巻き始める r」になりますが、arがないときは「舌をすぐに早く巻き始める r」になります。

例文ではherとword(s)とhurtが舌をすぐに早く巻き始める r になるのがわかりますね。**her**「**ハー**」、**wor**d「**ワー**ド」、**hur**t「**ハー**ト」にarはないですから。では、舌をすぐに早く巻き始める r のステップの解説をします。

hurtは舌をすぐに早く巻き始める r

POINT 舌をすぐに早く巻き始める r のステップ

- ステップ① 最初から「ウー」と口をアヒルロに突き出す
- ステップ② アヒルロのまま「アー」と音を出し始める
- ステップ③「アー」の音を出した瞬間からすぐに舌を巻き始める
- ステップ④ このときに舌はすぐに速く「シュッ!」と巻いていく
- ステップ⑤ しっかり舌を巻き「ウー」のまま止める

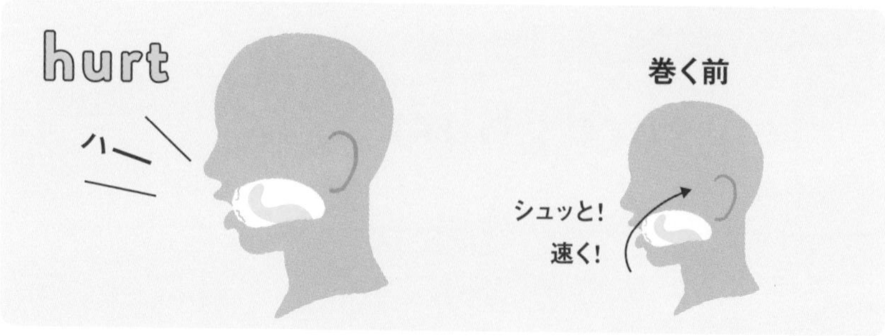

heartとhurtの違いは最初の口の形にあります。heartは最初に「アー」と軽く口を開き、その後、舌を大きくゆっくり巻いて口を「ウ」の形に突き出します。一方で、**hurtは最初から「ウー」と口を前に突き出し、舌も音を出し始めた最初から巻いています**。

一方、**終わりの口の形が「ウー」とアヒル口になることは両者に共通**しています。必ずアヒル口にして、舌を巻きやすい空間を口の中に作ってあげることを意識しましょう。

「ウー」のアヒル口が「音の伸び」を作る

ここでは「舌をすぐに早く巻くr」が単語の後ろ、真ん中、前に入っている単語を並べてみましょう。どの場所に入っても“舌の巻き方”や“口の形”は同じです。

「舌をすぐに早く巻くr」を見つけたら、しっかり口を「ウー」とアヒル口で突き出して、舌をしっかり巻かないとキレイなrは出ません。注意して読んでください。

PRACTICE ┊ 次の単語を舌を早くすぐに巻くrを意識して読んでみましょう。 TRACK
073

1 summer
夏

2 ever
いつか

3 water
水

4 understand
〜を理解する

5 yesterday
昨日

6 word
単語

7 first
最初

　ここで 魔法の法則 No.02 「音をしっかり伸ーばーす」に出てきたコツを思い出してみましょう。英語は音をしっかり伸ばす言語で、母音と r が伸ばしどころだと説明しました。**r に関しては口を「ウー」のアヒル口にして、舌をしっかり巻く動作なくしては、伸びをしっかり表現できない**のです。

　口を「ウー」のアヒル口にする動作があれば、舌をしっかり巻くための空間ができ、「音の伸び」が表現できます。また、口を「ウー」のアヒル口にするとなると、必然的にその口の形に持っていくまでに時間を要します。ですから、たとえほんの0.5秒であっても、**口を「ウー」と突き出す意識を持って発音する r により「音の伸び」ができる**のです。

〰 r を大げさに伸ばす意識を持って読む

　r の音に慣れるまでは、若干誇張しすぎな感じがあるくらいでもよいので、rをしっかりアヒル口で「音の伸び」を作る練習をしてみましょう。次の PRACTICE では、rをあえて3つ重ねている部分でrの音をしっかり作るイメージを持って単語を読んでみましょう。

PRACTICE : 次の単語を声に出して読んでみましょう。

1 everrr
いつか

2 summerrr
夏

3 underrrstand
〜を理解する

5 waterrr
水

5 yesterrrday
昨日

6 worrrd
単語

7 firrrst
最初

この大げさにも思える r の練習が、やがて**舌の先を軽く持ち上げるだけで同じような音が出せる"舌作り"**につながります。僕の場合もそうでした。

しかし、自分が満足できる r の音が出せるようになるには、とっても時間がかかるということはあらかじめお伝えしておきます。でも、ここまでやってきた意識を持って練習し続けると、いつか必ず舌の筋肉が発達し、ネイティブのような r の音が簡単に出せるようになりますからね。

ちなみに、four / born / importantのようにカタカナ読みにして「オー」になる r の音は全て、 魔法の法則 No.27 の「舌を大きくゆっくり巻く R」で読みます。つまり、まとめると、heart / hurtのようなカタカナ読みして「アー」になる r は2種類の舌の巻き方があり、①スペルにarがあれば「舌を大きくゆっくり巻く R」、②arがなければ「舌を早く巻く R」となります。そして、**カタカナ読みして「オー」になるものは全て「舌を大きくゆっくり巻く R」で発音する**ということですね。

CHECK!

魔法の法則 No.28 〉 2種類のR② 舌を早く巻くRをマスターする

☑ **つづりがarの r は舌を大きくゆっくり巻き始める**

☑ **つづりがarでない r は舌をすぐに早く巻き始める**

☑ **最初から口を「ウー」に突き出す**

☑ **カタカナ読みして「オー」になる r は全て「舌を大きくゆっくり巻くR」**

そーた式
魔法の法則

R は舌を巻いて！
アヒル口で！
固定して！
3 秒伸ばす！

Practice keeping the tongue tip curled back for 3 seconds.

PRACTICE 次の例文を声に出して読んでみましょう。

TRACK 075

I worked out in the park yesterday, so my arm hurts.

㊙ 昨日、公園で運動したので、腕が痛みます。

3秒固定エクササイズ

自分では「舌をしっかり巻いている」、「口を『ウー』とアヒル口で突き出している」、「音を伸ばしている」と思っていても、**意外とrの音がしっかりと入っていないことが多い**です。そして、その場合はたいてい聞き手にはrの音が全く聞こえていないです。

そこで、1つエクササイズをご紹介しましょう。「3秒固定エクササイズ」です。魔法の法則 No.25～28の全てのrのコツである、「口はアヒル口で『ウー』と突き出す」、「舌はしっかり巻く」などを意識してrの音を出します。そして、**その状態のまま3秒間止めてrの音を伸ばしてみましょう**。

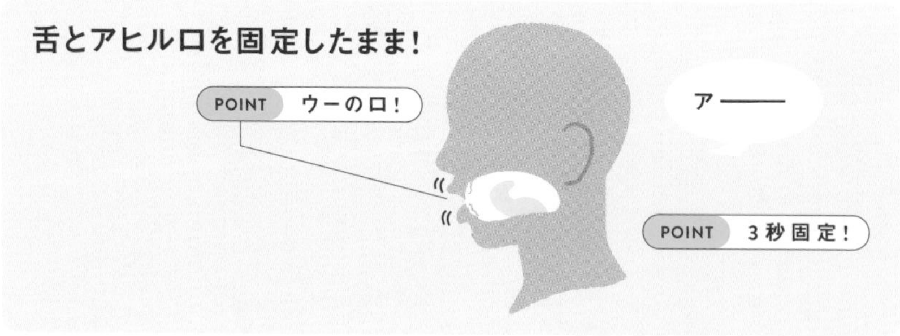
舌とアヒル口を固定したまま！
POINT ウーの口！
ア――
POINT 3秒固定！

この時、rの発音に慣れていなければ、次のようなことが起こるかもしれません。

POINT ｒの発音が不十分な場合のチェックポイント

- ① 「ウー」のアヒルロが元の口の形に戻ろうとする
- ② しっかり巻いている舌が元の位置に戻ろうとする
- ③ 息が続かなくなる
- ④ 伸ばす時間が長くなるほど声が小さくなっていく

　これらのことが、あなたの発音からｒの音が消え去っている原因である可能性が高いです。「ウー」の口で固定したままｒを出していないと、**舌はしっかり巻けていません**。舌の筋肉が発達しきっていないと、**巻いている舌を固定し続けることができません**。そして、息をしっかり続かせて音が出せていないと、声が次第に小さくなり、**ｒの音が聞こえなくなってしまいます**。

　この問題点を解消するのが「3秒固定エクササイズ」です。「口の形」、「舌の巻き」、「音の伸び」の全てを意識してｒの音を3秒伸ばし続けてみましょう。

▶舌を大きくゆっくり巻きはじめるｒで読む

parrrrrk

　　↑この部分で舌を巻いたまま3秒間止める

arrrrrm

　　↑この部分で舌を巻いたまま3秒間止める

▶舌をすぐに早く巻き始めるｒで読む

worrrrrk

　　↑この部分で舌を巻いたまま3秒間止める

hurrrrrt

　　↑この部分で舌を巻いたまま3秒間止める

§ rがキレイに聞こえない理由

「rrrrr」の部分で3秒間固定したままキープできましたか？　僕の経験上、**慣れないうちはこの舌を固定することに苦戦しがち**です。結果、rの音が消え去ってしまっています。

rはかなり時間がかかる発音の1つなので、すぐにできるようにならなくても問題はありません。ですが、今後、毎日のスキマ時間にこのエクササイズを取り入れて、舌の筋肉を発達させるよう努力してみてください。

CHECK!

魔法の法則 No.29 ＞ Rは舌を巻いて！　アヒル口で！　固定して！　3秒伸ばす！

☑ **rは大げさにしなければ、音に表れない**

☑ **「3秒固定エクササイズ」で消えないrを手に入れる**

＼そーたのアドバイス！／

長年の訓練を積んで、発音がある程度キレイな人でも、Rの音は「消える傾向」があるねん。「消さない意識」が大切やで！

そーた式
魔 法 の 法 則

🎧レッスンを聴く!

軽く巻くだけで OK の R をマスターする

Master saying the R sound with the tongue only lightly curled.

① **This room is strange and crazy!**

訳 この部屋は奇妙で狂っている！

② **I will go back to America!**

訳 私はアメリカに帰ります。

〰 「省エネr」の舌の巻き方をマスターする

　rに関する法則はこれが最後です。ここまでは舌を根元からしっかり巻くr（以後、「**舌巻きr**」と呼ぶ）の練習をしてきました。ですが、rの中にはしっかり舌を巻かなくてもよい、むしろ、しっかり巻いてはいけないrがあります。本書ではこれを「**省エネr**」と名付けましょう。例えば、room、strange、crazy、Americaのような単語に含まれているrがそれです。

　「舌巻きr」と「省エネr」の区別のし方は後ほど解説するので、先に舌の巻き方の違いを説明しましょう。**「省エネr」は舌先を本当に軽〜く巻くだけでOK**なのです。舌先を軽〜く持ち上げるというイメージです。

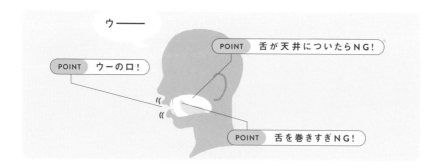

ウ——

POINT　舌が天井についたらNG！

POINT　ウーの口！

POINT　舌を巻きすぎNG！

　そして「省エネ r」のもう1つの大切なルールが、**必ず舌先を巻き始める前に「ウ」の音を入れてあげる**ということです。口の形だけ「ウー」にするという意味ではなく、実際の音として「ウ」を入れてあげてください。「ウー」と口を突き出し、「ウ」と言ってから舌先を巻き始めると「省エネ r」はマスターできます。文字で表すとこのようなイメージです。

room → **ウ**room 　　　　　strange → st **ウ** range

crazy → c **ウ** razy 　　　　America → Ame **ウ** rica

　「ウ」の音をしっかり入れた後、舌先をクイッと軽く持ち上げましょう。この際、舌先は口の中の天井に絶対につけてはいけません。天井につけてしまうと、 魔法の法則 №.21 で解説した l（エル）の音になってしまうので注意が必要です。

§§ 「舌巻き r」と「省エネ r」の区別

　「舌巻き r」と「省エネ r」の区別がつけにくい方は、カタカナ読みして確認すると簡単です。見分け方は、カタカナ読みしたときに r の部分が「ラ行」で表されるか、そうでないかです。**r のカタカナ部分が「ラ行」になる場合は「省エネ r」で、「アー」や「オー」となる場合は「舌巻き r」**です。

省エネ r	カタカナ表記で「ラ行」	舌巻き r	カタカナ表記で「アー」「オー」
room	ルーム	summer	サマー
strange	ストレンジ	understand	アンダースタンド
crazy	クレイジー	arm	アーム
America	アメリカ	party	パーティー
		short	ショート

表のように、「省エネr」をカタカナに変換してみると、rの部分が「ラ行」で表されています。他方、「舌巻きr」の単語をカタカナに変換してみると、rの部分が「アー」や「オー」で表され、「ラ行」のカタカナは入っていません。

§rとlの発音の違いがこれでわかる

PRACTICE：次の単語をrとlの違いを意識して読んでみましょう。
TRACK
077

1 rice vs. lice	**2** right vs. light	**3** rock vs. lock
米　　しらみ	右　　光	岩　　かぎ

　実は、この「省エネr」が、一般的に「rとlの発音の違い」の解説によく出てくるrです。 魔法の法則 No.21 のlの発音の法則でも登場しましたが、rice（お米）とlice（シラミ）、rock（岩）とlock（鍵をかける）はカタカナで表すと同じ発音になりますが、「ラ行」の部分がrかlかで発音のし方を区別しなければいけません。

　lの場合は舌先に全集中して、**上の歯の裏側の付け根に舌をチョンと当てます**が（ 魔法の法則 No.21 参照）、この「省エネr」の場合は「ウー」と言ってから舌先を軽くクイッと巻き、**舌先は口の中のどこにもつきません**。これがrとlの発音の違いです。

R vs Lをマスター！

rice　　lice

〷 「ウーーーー」と大げさに入れるのがコツ

PRACTICE ┊ 次の例文を声に出して読んでみましょう。　TRACK 078

① **This room's light is strange and crazy!**
　㉘ この部屋の明かりは奇妙で狂っている！

② **I will go back to London.**
　㉘ 私はロンドンに帰ります。

　r と l を混ぜた例文を作ってみました。r と l の違いを明確に意識しながら読むことはできましたか？ 「ウ」の音を入れてから舌先を軽く巻く「省エネ r」をマスターするにはコツがあります。

　それは**「ウ」の音を大げさに入れること**です。**この「ウ」の音がしっかり入っていればいるほど「省エネ r」の発音はキレイに聞こえます。**逆に言えば、「ウ」の音が全く入っていないために、「省エネ r」がキレイに聞こえていない学習者が非常に多いのです。

　自分の録音を聞き直して「ウ」の音があまり聞こえなかった方は、「ウーーーー」としっかり伸ばすようなイメージで発音練習してみてください。**特にstrangeやcrazyのように、単語の中ほどにrがある場合は、「ウ」の音を入れ忘れてしまう方が非常に多い**ので注意してくださいね。

CHECK!

魔法の法則 No.30 ▷ 軽く巻くだけで OK の R をマスターする

✓ 舌を軽く巻くだけでOKの r がある：「省エネr」

✓ 舌を軽く巻く前に「ウ」の音を大げさに入れる

✓ 「省エネr」はカタカナ読みにすると「ラ行」になる

TER 6

日本語にはない
口の動きを
マスターする魔法

🎧 レッスンを聴く！

まるでネイティブのような
英語の発音が身につく

そーた式
魔法の法則

№ 31

ch/sh/g はチューする ときの口に動かす

Make the mouth into a small circle and put the lips forward when pronouncing ch/sh/g.

Don't touch the shirt! I should change it.

㉚ シャツに触らないで！　着替えなければいけません。

英語ならではの口の動かし方を知る

　ここからは、発音をよりキレイにするための「口の形」に意識を向けてみましょう。**日本語は口をあまり動かさずに話す言語ですが、それと同じ口の形で英語を話していてはいけません**。英語ならではの口の形や、それに伴う独特な音を体得していきましょう。そして、練習するときは**口を大げさに動かす**ようにしてみてくださいね。

ch / sh / g は「キスの口」のイメージ

　まずは ch / sh / g から始めるとしましょう。これらの文字が含まれている単語を読むときは、大好きな人にブチューーとキスをするようなイメージで、口を「ウー」と突き出してみてください。

　そして**この時にとても大切なことは、口を「ウー」と突き出したまま息を漏らすことです**。 TRACK 079 の音声と一緒に ch / sh / g を発音してみましょう。「ーーーー」と伸ばし棒がある間、しっかり息を漏らし、伸ばしてみてください。ch「チューーーー」、sh「シューーーー」、g「ジューーーー」です。ヘビが「シューシュー」と息をもらす姿をイメージしてみてくださいね。

ヘビが息を漏らすイメージで!

シュー ジュー チュー

シュー チュー ジュー

　これが正しいch / sh / gの音です。カタカナで表すことが難しいのですが、ただ「チューー」、「シューー」、「ジューー」と言うだけでなく、音を伸ばしている間は**ずっと息を漏らす**ことを忘れないでください。

　突然ですが、口を前に突き出さずに「チュ」と言ってみてください。息が漏れる音は聞こえないはずです。ところが、**大好きな人にキスを求めにいくようなイメージの「キスの口」**で、「ねぇ!　チューして!」と口を「ウーー」と出しながら「チューーーーーー」と言う場合はどうでしょうか?　息が漏れている音が聞こえるはずです。**この口の形と息漏れの音がch / sh / gの発音には欠かせない**のです。

　ちなみに、これまでch / sh / g以外でも「ウー」と口を突き出す法則を解説してきました。これらの**口の形は全て同じイメージで突き出して構いません**。口の突き出し方の細かい区別はあえてしなくても問題はないので安心してください。

§chのトレーニング

PRACTICE｜次の単語をchの口の形と息漏れを意識して読んでみましょう。TRACK
080

1 touch	2 catch	3 much	4 such	5 change
〜に触れる	〜をつかまえる	たくさんの	そのような	〜を変える

　「キスの口」を意識して2のcatchを発音してみましょう。カタカナ表記にして日本語通り読むと「キャッチ」ですが、chの部分で「キスの口」にしてしっかり息を漏らして読むと、イメージとしては「ケェァ**チュー**」のような音になります。つまり、「キャッチ」ではないのです。

　5のchangeも同じ要領で発音してみましょう。catchとは異なりchは単語の頭にありますが、この場合も同じです。「チェインジ」ではなく「**チュー**エインジュ」のイメージです。**chが単語のどの位置にきても「キスの口」にして息をしっかり漏らす**ことを忘れないようにしてください。

change は始まりと終わりの口の形が同じ

ch
チュー

an
エイン

ge
ジュ

⑧shのトレーニング

　同じ要領でshも練習してみましょう。**1**shouldや**2**shopのshの部分では、同じように「キスの口」にします。となると、**sh**ouldは「シュッド」ではなく「**シューィゥ（ドゥ）**」、**sh**opは「ショップ」ではなく「**シューァップ**」のイメージです。伸ばし棒の「ー」があるところはしっかり息を漏らすことを忘れないでくださいね。

※shouldの「ウ」は「イウ」に、shopの「オ」は「ア」にズラす（母音のズレ）

　shとchの息漏れの音を鍛えたい方は、「シューーーー」、「チューーー」と息を漏らした読み方で10秒伸ばす練習をしてみてください。**「シューーーー」はちょうどヘビのような音を意識するとうまく出せるようになりますよ。**

息漏れ10秒間！

⟨⟨ g のトレーニング

> **PRACTICE** 次の単語を g の口の形と息漏れを意識して読んでみましょう。 TRACK 082
>
> **1** change　**2** huge　**3** judge　**4** village　**5** page
> ～を変える　　巨大な　　裁判官　　　村　　　　ページ

　g も同じようにやってみますよ。**g も本当の読み方は「ジー」ではありません**。口を「キスの口」にして息を漏らして「ジューーーー」と言い、**「キスの口」のまま「イー」と音を伸ばす**イメージ。いわば、「ジュィー」のような音です。英語ならではの音なので、**TRACK 082** の音声を聞きながら一緒に練習してみてくださいね。

　となると、change の発音はどうなりますか？　もう一度読んでみてください。実は先ほどの ch のトレーニングで取りあげた change にも g の音が隠れていたんです。chan**ge** は「チューエイン**ジュ**」のような音になるはずです。つまり、始まりの ch の「キスの口」と息漏れの音から始まり、g の「キスの口」と息漏れの音で終わるという少し難易度が高い発音なので、こういった単語にもしっかり意識を向けましょう。

⟨⟨ 「ジ」と読む g にこの法則が当てはまる

　この法則の g に関しては注意点が1つあります。全ての g がこの読み方をするというわけではありません。**カタカナ表記をしたときに「ジ」と読む場合に当てはまる g の法則**です。例としては age「エイジ」、college「コレッジ」、village「ヴィレッジ」のような単語です。多くの場合は ge のスペルになります。

一方、girl「ガール」、gap「ギャップ」、sugar「シュガー」のような「ガ行」で読む g とは分けて考える必要があります。**「ガ行」で読む g は口を「ウー」と突き出したり、息を漏らす音を出したりする必要はありません。**

⟨ J も同じと考えよう

　最後に、もし覚えられるなら、j から始まる単語も、「キスの口」で発音する g と同じと覚えておいてください。例えば、Japan「ジャパン」、juice「ジュース」、job「ジョブ」のような単語です。カタカナ読みしたときに「ジャ、ジュ、ジェ、ジョ」になる部分の j は、同じく「キスの口」です。

例　Japan　**ジュェ**ァペェァンヌ　　juice　**ジュィゥース**
　　job　**ジュァブ**

CHECK!

魔法の法則 No 31 ＞ ch/sh/g はチューする時の口に動かす

☑ ch/ sh/ g/ j は口を「ウー」と突き出し、息を漏らす

☑ 口は大げさに動かす

☑ 単語の頭、真ん中、後ろのどの位置にきても同じ

＼そーたのアドバイス！／

　g の「口はチューの形」＆「息漏れの音」が体得できたら、j は簡単にできるで！ そして、会話では g の方が j よりも圧倒的に、遭遇率高いから注意！

W（ワ行）にはウを入れ、 チューするときの口に動かす

Start with a rounded mouth when pronoucing W.

We will work at that company one day.

訳 私たちはいつかその会社で働くつもりです。

§w（ワ行）で始まる単語は「ウー」の口

we、will、workのようなw（ワ行）から始まる単語も、口を「ウー」と突き出してから発音するとネイティブらしさがグンとUPします。魔法の法則 No.30 の「省エネr」と同じように、口を「ウー」と突き出した後、単語の前に「ウ」の音を入れて読んであげましょう。

▶しっかり口を「ウー」と突き出して読んでみよう

ウー we
　↑ここでしっかり口を前に突き出す

ウー want
　↑ここでしっかり口を前に突き出す

ウー work
　↑ここでしっかり口を前に突き出す

ウー water
　↑ここでしっかり口を前に突き出す

例えば、**waterは始まりのwで口を「ウー」と突き出し、後ろのrでも口を「ウー」と突き出して終わらないといけない**ので注意です。音のイメージは「ウーウァーラー」となります。後ろの「ラー」の部分でアヒル口の「ウー」で伸ばせていますか？（魔法の法則 No.26〜30 参照）

waterは始まりと終わりを突き出す

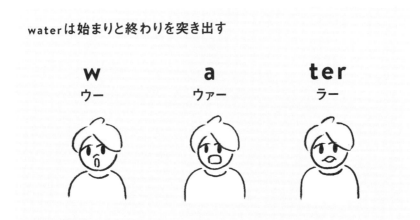

w
ウー

a
ウァー

ter
ラー

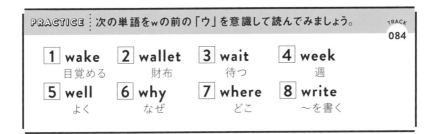

PRACTICE ： 次の単語をwの前の「ウ」を意識して読んでみましょう。

TRACK
084

1 wake
目覚める

2 wallet
財布

3 wait
待つ

4 week
週

5 well
よく

6 why
なぜ

7 where
どこ

8 write
〜を書く

　　トレーニングのために皆さんが日常会話でよく使いそうな単語を並べてみました。おそらく今までは、「ウェイク」、「ウォレット」、「ウェイト」と日本語の読み方のままの「ウ」で発音していたと思います。ですが、**英語のwの音はしっかり口を前に突き出します。慣れるまでは「ウーーー」と大げさなくらいに口を突き出して読むように練習してみてください。**

ウーーー wake	➡	ウーウェイク
ウーーー wallet	➡	ウーワレッ（トゥ）
ウーーー wait	➡	ウーウェイッ（トゥ）
ウーーー week	➡	ウーウィーク
ウーーー well	➡	ウーウェオ
ウーーー why	➡	ウーワーイ
ウーーー where	➡	ウーウェアー
ウーーー write	➡	ウーウァエッ（トゥ）

　なお、この 魔法の法則 No.32 が当てはまるのは、w に限ったことではありません。単語をカタカナ読みしたときに「ワ行」になるもの全てに当てはまります。

　その代表例が、oneです。oneをカタカナ読みすると「ワン」となり、単語のつづりのoの部分が、カタカナの「ワ」に当たります。このような、**wではないが「ワ行」の音で始まる単語も、同じ法則を当てはめて読む**ようにしてください。

▶しっかり口を「ウー」と突き出して読んでみよう

　ウー one ヌ

※ 魔法の法則 No.17 の「Nの後にはヌを入れる」にも注意

えーたのアドバイス！

oneは「ワン」って言ってしまう方がホンマに多いねん…。「ウーの口の形」
「nの後の小さいヌ」など、今までに出てきた法則を絶対に忘れないこと！

§英語の発音は口を前に出す動きが多い

ところで、「英語の発音は口を前に突き出すことが多い」と思いませんか？　そうなんです。この日本語にはない「口をウー」にして発音する動きを取り入れてもらうと、発音はグングンよくなります。

言い換えれば、**「口をウー」のような、日本語にはない、英語ならではの"口の動き"をマスターすることは、発音上達の大切なカギ**となります。「口を前に突き出さなきゃ!」という意識に変われば、まるで魔法がかかったように、発音の印象がよくなることでしょう。

最後に、これまで出てきた、口を「ウー」にして読まないといけない単語たちの総まとめの文章を作ってみました。一緒におさらいをしてみましょう。繰り返しになりますが、**口を前に突き出す動作をきっちり毎回入れることであなたの英語は劇的に変わります**。

PRACTICE 次の例文を声に出して読んでみましょう。　TRACK 085

We wish we could wash this really smelly shirt.
㉑ 私たちみんな「このひどく臭うシャツを洗えたらなぁ」と思っています。

全部口を「ウー」のイメージでOK!

w　　　sh　　　省エネr

本来はビミョーに違う!でも細かい区別は不要!

▶ 口を「ウー」にして読まなければいけない単語のおさらい

ウー We

ウー wish
　　　↑shは口を前に突き出して息を漏らす

ウー wash
　　　↑shは口を前に突き出して息を漏らす

ウー really
　　　↑rも口を突き出して舌先を軽く巻く
　　　　　　　（省エネr：魔法の法則 No.30）

shirt
↑↑rも「ウー」のアヒル口で突き出して舌をしっかり巻いて固定
│ shも口を突き出して息を漏らす

CHECK!

魔法の法則 No.32 ＞ W（ワ行）にはウを入れ、チューするときの口に動かす

☑ wは口を「ウー」と突き出した後、前に「ウ」の音を入れる

☑ wではないが「ワ行」の音で始まる単語も同様

☑ 英語の発音には、口を突き出す動作が多い

B や P は唇を
ブンブンはじく

Put your lips together and part them when puffing.

The book I borrowed from a pig is pretty big.

訳 ブタから借りた本はとても大きいです。

英語は "息使い" も大切

　bとpは息をしっかり吐き、唇をブンブンはじく「口の形」のイメージで読むと、発音の質がグンと向上します。魔法の法則 No.24 ではfとvは息をしっかり吐くことを、魔法の法則 No.31 ではch / sh / gは息を漏らすことが大切であることを解説しました。これらからもわかるように、**英語では「口の形」と併用した「息使い」もたいへん重要なカギになる**のです。

唇をはじく感覚をつかむ

　bとpもその息使いが大切です。発音のコツは唇をブンブンはじくイメージを持つということです。例えば、アニメによく見るシーンを例に解説してみたいと思います。

　主人公がボーっとしながら横断歩道を渡っていると、トラックの運転手さんが怒鳴ります。「バッッッッキャロー」と。**この「バッッッッ」こそが唇をブンブンはじくイメージ**なのです。**bもこのイメージに近づけて読むとキレイに発音できます。**

PRACTICE：次の単語を唇をはじくイメージで読んでみましょう。

1 book
本

2 borrow
〜を借りる

3 big
大きな

　book、borrow、bigそれぞれのbを「バッッッッキャロー」のイメージで、唇をしっかりはじくことができましたか？　もう少しだけ、唇をはじく感覚を一緒につかんでみましょう。「バッバッバッ」、「ビッビッビッ」、「ブッブッブッ」、「ベッベッベッ」、「ボッボッボッ」を、唇をブンブンはじかせながら読んでみてください。それぞれを5回ずつ、**大げさな"ブンブン"**を意識してやってみましょう。

唇を思いきりはじいて練習！

§必ずしも唇を巻き込まなくてもよい

　本来は、b は唇を口の中に巻き込むような口の形で発音します。上唇と下唇を口の中に巻き込んで、勢いよく「バッ」とはじき、唇を元の位置に戻すようなイメージです。もちろんこの方法で発音をしても問題はありません。

　ですが、実際の会話の中ではここまでしっかり唇を巻き込む余裕はないと思います。そして、ネイティブも速い会話では、そこまでしっかり唇を巻き込みません。**「唇をブンブンはじく」イメージさえ持ってもらえれば、似たような音を再現できる**のです。

§p は口に入った髪の毛を吐き出すイメージ

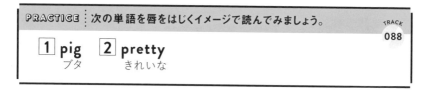

PRACTICE：次の単語を唇をはじくイメージで読んでみましょう。

TRACK
088

1 pig　　**2 pretty**
　ブタ　　　　きれいな

　pigとprettyも同様に唇をブンブンはじくイメージで読んでみてください。そして、次に「パッパッパッ」、「ピッピッピッ」、「プップップッ」、「ペッペッペッ」、「ポッポッポッ」と大げさに５回ずつ読んでみましょう。

　pのはじく発音のもう1つのイメージをお伝えしましょう。髪の毛が唇についているとします。その**髪の毛を、手を使わずに取ろうとする**なら…どうしますか？　「プップップッ」、「ペッペッペッ」と唇をはじきませんか？　その感覚が、p を発音するコツをつかむ秘訣です。

それでは、最後につぎの単語でまとめておさらいをしましょう。

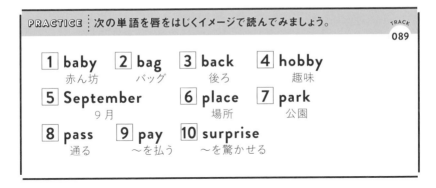

PRACTICE 次の単語を唇をはじくイメージで読んでみましょう。

TRACK
089

① **baby**
赤ん坊

② **bag**
バッグ

③ **back**
後ろ

④ **hobby**
趣味

⑤ **September**
9月

⑥ **place**
場所

⑦ **park**
公園

⑧ **pass**
通る

⑨ **pay**
〜を払う

⑩ **surprise**
〜を驚かせる

CHECK!

魔法の法則 № 33 ＞ BやPは唇をブンブンはじく

☑ **bとpは息をしっかり吐き、唇をブンブンはじくイメージ**

☑ **息を勢いよく出す**

＼そーたのアドバイス！／

スマホの音量を少し上げて、ネイティブの英語を聞いてみて！
「sh:シュッ！」「p:プッ！」「b:ブッ！」などの息漏れ音がめっちゃ聞こえるで〜

レッスンを聴く!

まるでネイティブのような
英語の発音が身につく

№34

Theはダ/ナで読んで
あまり目立たせない

Pronounce "the" lightly, like "ダ" or "ナ".

I need a new bag, and I like the one in the window.

㉞ 新しいバッグが必要で、ショーウィンドウのものが気に入りました。

冠詞（a / the）は目立たせずに読む

CHAPTER 7 ではアルファベット単体ではなく、会話に頻出する単語や音に注目し、個々の発音のコツを習得していきます。それらの頻出単語の発音をマスターすることで、英語らしい「リズム」も体得できます。

英語と比較すると、日本語はリズムが乏しいと言えます。どちらかというと、ほぼ棒読みに近いようなイメージで文が読まれるからです。英語を日本語の棒読みに近いイメージで読んでしまうと、ネイティブらしい発音にはなりません。

英語には英語ならではのリズムがあります。そのリズムは、文中で**“目立たせて読むところ”と“目立たせずに読むところ”を、うまくメリハリをつける**ことによって作られるのです。その**“目立たせずに読むところ”の1つが「冠詞」**です。つまり、aやtheのことです。それでは、まずはtheの発音からトレーニングしていくことにしましょう。

§the＝「ザ」のイメージから卒業する

　私たちが初めて学校でtheを習うとき、なぜか発音は「ザ」と習います。しかし、**theの実際の発音は「ザ」ではなく「ダ」に近いです。**

　theの発音の方法は 魔法の法則 No.23 の「音が濁るth」の発音と同じです。音が濁るthは舌先を上の歯の裏にチョンと当てて発音するだけでOK、でしたよね。その読み方でtheを発音してみてください。舌を上の歯の裏にチョンと当てると、「ザ」とは言えないはずです。**自然と「ダ」に近い音になりませんか？　これがキレイなtheの発音**です。

PRACTICE 次の例文をthe（ダ）を意識して読んでみましょう。　TRACK 091

① **Did you watch the movie?**
　㊙ その映画を見ましたか？

② **I went to the park to meet the boy.**
　㊙ 私はその男の子に会いに公園に行きました。

③ **The book was one of the things I bought.**
　㊙ その本は私が買った物の１つでした。

---

§日本語と同じ「ダ」でもよい

　theは極力、舌を歯の裏にチョンと当てる、あるいは舌先を前歯の隙間に押し出す（ 魔法の法則 No.23 参照）で発音すべきです。とはいえ、日本語には舌を前に突き出す動作がないので、theと言うときに舌を前に移動させるのが難しく感じる場合も少なくないはずです。

　そのような場合は、最初は**日本語と同じ「ダ」の発音でtheを発音**

してもさしつかえありません。とにかく大切なことは、theを「ザ」と発音することだけは避けることです。the＝「ザ」は今ここで卒業としましょう。

　くりかえしになりますが、最もネイティブらしい発音は、「舌を歯の裏にチョンとつける」、あるいは「舌先を前歯の隙間に押し出す」ことでできるので、舌を前に出しながら話すことに慣れてきたら実践してみてくださいね。

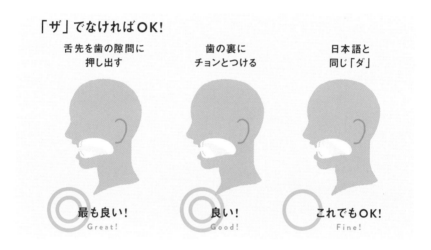

「ザ」でなければOK！

舌先を歯の隙間に押し出す	歯の裏にチョンとつける	日本語と同じ「ダ」
◎ 最も良い！ Great!	◎ 良い！ Good!	○ これでもOK！ Fine!

\そーたのアドバイス！/

the の発音をする時も「th」の法則で練習したように、歯の隙間から「風をしっかり通しながら」ダと発音すると、よりキレイな音になるで〜。

﹘theは「ナ」と発音されることもある

PRACTICE ┊ 次の例文を声に出して読んでみましょう。

TRACK
092

And there is a key on the table.

㉿ そしてテーブルの上に鍵があります。

theの発音でもう1つ覚えておくべきことがあります。theは「ナ」に近い音で発音されることもあるということです。魔法の法則 No.15でも登場していましたが、**「n＋th」で音がつながったとき、thの部分は「ナ行」で発音されることもある**んでしたよね。となると、on the table は「アン　ナ　テイボー」となります。

つまり、theには「ダ」と「ナ」の2種類の発音があるということです。このようなパターンを知っておくと発音のみならず、リスニング力もUPします。

﹘冠詞（a/the）は小さく読む

EXERCISE ┊ 次の例文をもう一度声に出して読んでみましょう。

TRACK
090

I need a new bag, and I like the one in the window.

㉿ 新しいバッグが必要で、ショーウィンドウのものが気に入りました。

ここまででtheの発音はもう大丈夫なはずです。次はその発音を頭に入れた上で、よりこなれた感じに読む練習をしてみましょう。英語らしいリズムを意識して「冠詞（a/the）を小さく読む」トレーニングです。

　この 魔法の法則 No.34 の冒頭でも説明したように、英語は"目立たせて読むところ"と"あえて目立たせずに読むところ"を作って読んであげるのがコツです。その**"目立たせずに読むところ"の代表が冠詞 (a/the)** です。

　冠詞を他の単語と同じ力加減（目立たせ方）で読んでしまうと、不自然なリズムになってしまいます。では、どのようなイメージで読めばいいのでしょうか。そのイメージを文字で表すとこんな感じです。

I need ₐ new bag, and I like ₜₕₑ one in ₜₕₑ window.

　逆に、冠詞を他の単語と同じように読んでしまうと、極端に言うと、次のような印象に聞こえてしまいます。

I need a new bag, and I like the one in the window.

　これは、英語独特のリズム感に慣れていない初級者に多い読み方です。a/the を他の単語と同じ力加減で、目立たせて読んでしまっていませんでしたか？　これが**英語らしいリズムを壊してしまっていた要因の1つ**なのです。

　英語のリスニングをしているときのことを思い出してください。流れてくる a/the の音が聞き取りにくいと思った経験はありませんか？ **これはネイティブがa/theを目立たせないで読んでいるから**です。これからはa/theをなるべ〜く小さ〜く小さ〜く目立たせずに読んであげるようにしてみてくださいね。

≋前置詞も目立たせずに読む

ついでにもう1つ"目立たせずに読むところ"のルールを説明します。冠詞（a/the）と同じように、**前置詞（in / at / of / onなど）も目立たせずに小さく読む**と、英語ならではのリズムに聞こえやすくなります。冠詞と同じ要領で、前置詞の部分も小さくし、以下の例文を読んでみてください。

PRACTICE 次の例文を声に出して読んでみましょう。 TRACK 093

① **I was playing tennis in the park.**
㊢ 私は公園でテニスをしていました。

② **The book I saw at the store was big.**
㊢ その店で見た本は大きかった。

③ **The meaning of the word is in the book.**
㊢ その言葉の意味はその本に書かれています。

▶冠詞と前置詞を小さくして読むイメージ

I was playing tennis in the **park.**

The **book I saw** at the **store was big.**

The **meaning** of the **word is** in the **book.**

最後の③の例文を使って解説しましょう。The meaning of the word isの部分を「**ダ** ミーネン **アブ** **ダ** ワーデズ」のようにtheやofをはっきり読んでしまうと、英語としてはとても不自然な印象を与えます。

　自然なリズムでは、「ダミーネン　アブダ　ワーデズ」のように**冠詞や前置詞の部分を目立たせずに、単語と単語をはっきり区切らずつなげる意識を持って読みます**。これは文字の説明だけでは不十分なので、必ず音声を聞いてコツをつかんでみてください。

　くりかえしますが、とにかく大切なことは、"目立たせずに読む"部分を文の中に作るということです。

CHECK!

魔法の法則 No.34 ＞ The はダ / ナで読んであまり目立たせない

☑ **基本的にはthe は「ダ」**

☑ **直前の単語の終わりがnの場合は「ナ」になることもある**

☑ **冠詞（a / the）は小さく読む**

☑ **前置詞（of / in / at / etc）も小さく読む**

☑ **目立たせずに読む部分を作るとリズムが整う**

＼そーたのアドバイス！／

この「目立つ所」と「目立たない所」のメリハリをつけて読むには、いろいろな英文で何度も練習しないとなかなか大変。少しずつ、焦らず、練習してや！

🎧 レッスンを聴く！

まるでネイティブのような
英語の発音が身につく

魔法の法則

№35

ルと読む To を
マスターする

Pronounce "to" like "ル".

TRACK 094

| PRACTICE | 次の例文を声に出して読んでみましょう。 |

What time did you go to bed last night?

訳 昨夜は何時に寝ましたか？

§toは「トゥー」と読まれないことが多い

魔法の法則 No.34 で「前置詞は目立たせずに読む」と解説しました。もちろん前置詞であるtoにもその法則が当てはまるのですが、その上、**前置詞の中でもとりわけtoはとてもとても聞き取りづらい単語**と言えます。その理由は、**ネイティブは日常会話ではtoを「トゥー」と発音しないことが多いから**です。

　toを本書の法則に当てはめたカタカナ表記にするなら「トィゥー」です（魔法の法則 No.09 を参照）。ネイティブもゆっくり丁寧にtoを発音するときには「トィゥー」と読みます。しかしながら、ナチュラルな速度の日常会話ではtoは「トィゥー」とは発音しない場合が大半なのです。では、ネイティブはtoを「トィゥー」以外にどう読むのでしょか？　次の4種類の読み方があります。

▶toの4種類の読み方

① トゥー（トィゥー）…本来の発音

② ル

③ ヌ

④ 全く読まない

※④はリスニングの知識として頭に入れておいて損はないですが、わざわざ実践をする必要はありません。

§to＝ルは超頻出

　この4種類の中でも、ネイティブが高頻度で読む音があります。それは②の「ル」です。今後、洋楽を聴くときや映画を見るときに、toがどう発音されるかをよ〜く聞いてみてください。**「ル」と聞こえる箇所がたくさんある**はずです。

　toを「ル」と読むのはくだけたカジュアルな読み方であることは念頭に置いておきつつも、実際の日常会話ではtoは「ル」で登場することが非常に多いことは覚えておいて損はないでしょう。そして、toを「ル」で読むとあなたの英語もかなりこなれた感じになりますよ。

　ということで、一度toを「ル」と発音して文章を読んでみましょう。そして、魔法の法則 No.34 で練習した"前置詞を小さく読むイメージ"にも気をつけながら以下の文を読んでみてください。

I'll go to America next year.
　　↑「ル」と読んでみよう
㊙ 私は来年アメリカに行くつもりです。

I want you to come with me.
　　　↑「ル」と読んでみよう
㊙ 私はあなたに一緒に来てほしいです。

I tried to tell you yesterday, but I couldn't.
　　↑「ル」と読んでみよう
㊙ 昨日あなたに伝えようとしたのですが、できませんでした。

I'm sorry to ask you this question.
　　　↑「ル」と読んでみよう
㊙ このような質問をして申し訳ありません。

〘 「n+to」はtoが「ヌ」になる

TRACK 095

PRACTICE 次の例文を声に出して読んでみましょう。

I'm trying to understand your words.

㉘ あなたの言っていることを理解しようとしているのですが。

　toの4種類の読み方の③も解説しておきましょう。toは「ヌ」と発音される場合もあります。どのようなときにそう発音されるのかというと、**nとtoが並んだとき**です。これまでに何度も登場した**「n+t」**や**「n+th」と音が連結したとき、tやthは「ナ行」の音になる**、アレです。

　同様に、直前の単語の終わりがnとなり、**「n+to」と音が連結したとき**もtoが「ヌ」と発音されることがあります。例文では、trying toのtoです。ing形は単語末のgを消して読むので（**魔法の法則 №.18**参照）、「tryin to」のようになります。そして「n+to」と音が連結し、toが「ヌ」となるわけですね。

　つまり、**「ing形+to」はtoが「ヌ」で読まれることが多い**ということです。

I'm trying to understand your words.
　　　↑単語末のt / d / gは消える

I'm tryin to understand your words.
　　　↑「n+to」でtoが「ヌ」になる

toを無理に 「ル」 や 「ヌ」 と 読む必要はない

　くりかえしになりますが、toは「トィゥー」と発音するのが通常ですので、無理に「ヌ」や「ル」に変える必要はありません。ですが、ネイティブの日常会話では「ル」や「ヌ」で発音することが非常に多いため、知っておくといいでしょう。

CHECK!

魔法の法則 No.35 ▸ ルと読む To をマスターする

- ☑ 速い会話ではtoは「ル」と読まれることが多い
- ☑ 直前の単語の終わりがnの音の場合は「ヌ」になることもある
- ☑ 動詞ing＋toのとき、toは「ヌ」になることが多い

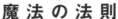

him / her の H は 消すときもある

"H" in "him" and "her" is often dropped.

I told him to go to school.

訳 私は彼に学校に行くように言いました。

》him/herはhを消して読む

| CHAPTER 7 もこれが最後となりました。最後の「よく出る単語の発音を激変させる魔法」はhim / herです。皆さんも会話でよく使うhim / herは、ネイティブはナチュラルな速度の会話では「ヒム/ハー」とは発音してくれません。本書の法則の「母音のズレ」を当てはめた「ヘム/ハー」でもありません。

　ネイティブはこの**him / herのhの音を消して読む**のです。そして、その消した音のまま、前の語とつなげて読みます。「hを消して読む」というのを、あえて文字で表すとするなら以下のようなイメージとなります。

I told im to go to school

　そして、hを消してtoldのdと (h) imのiをくっつけて読むので、「トーウデム」といった音になります。iの音は「エにズラす」ので、「トーウディム」と読まないように注意してくださいね。

I talked with him last night.

訳 私は昨晩、彼と話しました。

toの時と同様に、今回も無理に h を消してhimを読む必要はありません。しかし、**ネイティブは、ナチュラルな速度の会話では、必ずと言っていいほどhimの h を消して読みます。**ですので、可能なら、h を消した形で読む練習をし、そのような発音に近づけてみましょう。そして、この練習をするとナチュラルスピードの会話をリスニングする力の向上にもつながります。

例文の場合、himの h を消してwithとくっつけ、「with im」となります。そして、withのthとimをつなげて読むと、「ウェデム」のような音になります。w（ワ行）から始まる単語は口を「ウー」と突き出し、濁るthの音は「ダ行」に近い音にすることも忘れないようにしましょう。（ 魔法の法則 No.23 、 魔法の法則 No.32 参照）

I talked with <u>h</u>im last night.

　　　　　↑hが消える

⇒I talked wit<u>h im</u> last night

　　　　　↑ 「th＋im」 で読む

PRACTICE ：次の例文をherの h を消して読んでみましょう。
TRACK 098

I tell her to study English every day.

　🔈 私は彼女に毎日英語を勉強するように言います。

続いて例文をtell herに変えて、herの練習です。herの場合も同様にhを消してうまく読めましたか？ 同じく、文字で表すとtellの l と (h) erをくっつけて「teller：テラー」といったイメージです。(h) er の語末にrがあるので、最後は l、しっかりあひる口の「ウー」にして舌を巻くことも忘れないでくださいね。

I tell <u>her</u> to study English every day.

　　　↑hが消える

⇒I tell <u>er</u> to study English every day.

　　　↑ 「l＋er」で読む

コツをつかむために他の例文でも練習してみましょう。

> **I called <u>him</u> last night.**
> 　　　　↑hを消して、「d＋im」で読む
> 🔊 私は昨晩彼に電話しました。
>
> **I told <u>her</u> to get up early.**
> 　　　　↑hを消して、「d＋er」で読む
> 🔊 私は彼女に朝早く起きるように言いました。
>
> **I sent <u>him</u> a message.**
> 　　　　↑hを消して、「t＋im」で読む
> 🔊 私は彼にメッセージを送りました。

　これで CHAPTER 7 は終わりです。今後は、いろいろな単語の音に耳を傾けて、自分がよく使う単語をどのように読めば英語らしく聞こえるのかを考えてみてください。

CHECK!

魔法の法則 No.36 ＞ him/her の H は消す時もある

☑ 速い会話ではhimとherの h は発音されない

☑ h を消した形で音をくっつけて読む（例 tell him → tellim）

＼えーたのアドバイス！／

「here」の h もよく消えるで！「come here」→「come ere カメアー」に聞こえたり！
これ知っておくとリスニングも UP！

消えるhaveのH

h imとherの「h」はよく消えると解説しましたが、実はhaveの「h」も消えることが多いです。音としては、「h」が消えた形のhaveになるので、「ave：エァヴ」のような音で発音されます。例えば、「I have pens」の場合、「アイ エァヴ ペンズ」といった要領ですね。そして、音がさらにくっつきリエゾン(次の母音の音につなげて読む読み方)が起こると、「アイェァヴ ペンズ」のように、「アイ」と「エァヴ」の隙間すらなくなってしまうのです。

これにより、学習者の方がリスニングで「have」を聞き漏らしてしまっている場面を非常によく見かけます。自分が発音をできる音はリスニングがしやすくなるので、「I have pens」を「アイェァヴ ペンズ」と口に出して音読して、この音のパターンを頭にすり込みましょう。

また、これは動詞としてのhaveだけではなく、現在完了形のhaveの場合も同様に起こる発音のため、日常のリアルな会話ではとても多く登場する音のパターンとなります。さらに言えば、英検やTOEICといった「試験問題」の中でも頻出の音なのです。

CHAP

文全体の質編

抑揚・リズム・強弱で
文の音を整える魔法

37	全てのアルファベットを"鋭く"読み直す	228
38	単語の頭を強く読んで強弱を作る	234
39	単語を団子のように串で刺して落とさない	238
40	音楽を歌うように音の「高」「低」を入れる	243

まるでネイティブのような
英語の発音が身につく

そーた式
魔 法 の 法 則

№ 37

全てのアルファベットを "鋭く"読み直す

Pronounce letters with a focus on stronger and weaker sounds.

| PRACTICE | 次のA〜Zを声に出して読んでみましょう。 | TRACK 099 |

A B C D E F G

H I J K L M N

O P Q R S T U

V W X Y Z

CHAPTER 8 ではまさに「総しあげ」にふさわしい法則を扱います。ここからは、英語を文として読んだ時の「**強弱**」、「**リズム**」、「**抑揚**」を身につけていきましょう。ここまでの全ての法則がある程度アタマに入った今だからこそ、CHAPTER 8 の法則の効力は最大限に発揮されます。

魔法の法則 No.01〜36 に出てきた法則（「口の開き」、「音の伸び」、「発声」、「口の形」、「息の使い方」など）の全てを結集させて、取り組んでみてください。そして、CHAPTER 8 はこれまでに比べて文字で読むだけでは体得が難しい法則になるため、必ず音声を聴いて声に出しながら読みすすめてくださいね。

§アルファベットは"鋭く読む"とキレイになる

これまでの法則を通じて、みなさんの英語の読み方はすでに大きく変わっているはずです。この状態で次の法則を頭に入れて読むと、さらに読みに磨きがかかります。その法則とは**アルファベットを"鋭く読む"**ことです。

英語はリズムが大切です。「エイ」、「ビー」、「スィー」…と強弱や抑揚なく、一定のリズムで読んでしまっては英語らしくありません。**英語は「エーイッッ!」、「ビーッッ!」、「スィーッッ!」と強弱をつけて、リズムよく、"鋭く読む"ことが大切**なのです。

"鋭く読む"を言い換えるならば、「シュッ! シュッ!」「パンッ! パンッ!」「パキッ! パキッ!」と読むイメージです。

鋭く読むことで英語らしいリズムに!

town / tea / trueのような t からはじまる単語を例に見てみましょう。これまでに登場した「口の開き」、「音の伸び」、「ノド声」、「母音のズレ」、「アルファベットの法則」が仮に全て完璧にできて、townを「テェァウーンヌ」、teaを「ティー」、trueを「トィゥウー」と読めたとします。でもこれだけではまだ英語らしい「リズム」、「強弱」、「抑揚」がないのです。

ネイティブがこれらの単語を読んでいるところを思い出してみてください。「**テェァウーンヌ**」、「**ティー**」、「**トィゥウー**」のように t の音が非常に目立ち、**息がビュンッ!! と"鋭く"流れ出るような音**に聞こえた覚えはありませんか?

そして、それに続く後ろの部分の音は、t の部分と比べると、**少し尻すぼみで小さくなっていくようなイメージ**に聞こえる場合が多いのではないでしょうか? これこそが、英語ならではの音の「リズム」、「強弱」、「抑揚」なのです。これらを体得するために、**アルファベットを"鋭く読む"練習が必要不可欠**なのです。

⟩⟩ 鋭く読むイメージをつかむ

EXERCISE	次のA〜Zを声に出して読んでみましょう。	TRACK 099

A　B　C　D　E　F　G　H　I　J
K　L　M　N　O　P　Q　R　S　T
U　V　W　X　Y　Z

では「口の開き」、「音の伸び」、「ノド声」も意識して、**TRACK 099** の音声と一緒に"鋭く"読む練習をしてみましょう。

A	エアッ、エアッ、エアッ、エーイッッ!　Apple!
B	ブッ、ブッ、ブッ、ビーッッ!　Beach!
C	スッ、スッ、スッ、スィーッッ!　City!
D	ドゥッ、ドゥッ、ドゥッ、ディーッッ!　Dog!

E	エッッ、エッッ、エッッ、**イーッッ!** Egg!
F	フッ、フッ、フッ、**エーフ**ッッ! Family!
G	ジュッ、ジュッ、ジュッ、**ジュイーッ!** Gym! グッ、グッ、グッ、**グーッ**、bag!
H	ヒッ、ヒッ、ヒッ、**エーイチュ**ッッ! Catch! ハッ、ハッ、ハッ、**ハーッ**、hot!
I	アーイッ、アーイッ、アーイッ、**アーイッ、**Ice!
J	ジャッ、ジャッ、ジャッ、**ジュェーイッッ!** Job!
K	クッッ、クッッ、クッッ、**ケーイッッ!** Kick!
L	ロッッ、ロッッ、ロッッ、**エーロッッ!** Love!
M	ンムッ、ンムッ、ンムッ、**エーンムッッ!** Tom!
N	ンヌッ、ンヌッ、ンヌッ、**エーンヌッッ!** Sun!
O	オーウッ、オーウッ、オーウッ、**オーウッッ!** Ocean!
P	プッッ、プッッ、プッッ、**ピーッッ!** Pig!
Q	クッ、クッ、クッ、**キィウーッッ!** Question!
R	(舌を巻いて) アーッ、アーッ、アーッ、**アーーッッ!** Park!
S	スッ、スッ、スッ、**エースッッ!** Soup!
T	トゥッ、トゥッ、トゥッ、**ティーッッ!** Teacher!
U	ユィウーッ、ユィウーッ、ユィウーッ、**ユィウーッッ!** Use!
V	ヴッ、ヴッ、ヴッ、**ヴィーッッ!** Very!
W	(口をウーと突き出して) ウー、ウー、ウー、**ダボーッッ!** We!
X	クスッ、クスッ、クスッ、**エークスッッ!** Box!
Y	イェッ、イェッ、イェッ、**ワーイ**ッッ! Yes!
Z	ズッ、ズッ、ズッ、**ズィーッッ!** Jazz!

〟どんな時もアルファベットは "鋭く読む"

PRACTICE｜次の単語を「鋭く読む」のを意識して読んでみましょう。

1 apple	2 bag	3 cat	4 desk	5 ever
リンゴ	バッグ	ネコ	机	いつか

6 fix	7 ice	8 Japan	9 kiss	10 live
～を修理する	氷	日本	キス	生きる

---

appleを「アップル」、bagを「バッグ」、catを「キャット」のように、日本語のリズムの感覚で「カタカナ読み」すると、「アッ-プ-ル」と全てを同じ力で均等のリズムに読みがちです。この場合、1つの単語の中に強弱や抑揚はありません。

　本来の英語の読み方には、appleは「**エェアーッポー**」、bagは「**ベェアーッグ**」、catは「**ケェアーットゥ**」と、**1つの単語の中にも強弱**があります。基本的には**単語の頭が強くなり、後ろにいけばいくほど弱くなる傾向**にあります。単語を鋭く、はじくようなイメージで、リズムよく読むことを意識してみてください。次の 魔法の法則 №38 で、これらを文の中で取り入れる練習をします。

CHECK!

魔法の法則 № 37 ＞ 全てのアルファベットを "鋭く" 読み直す

☑ **アルファベットを強弱をつけて、リズムよく、鋭く読む**

☑ **最初の音を強く、後ろを弱く読む単語が多い**

、そーたのアドバイス！／

ここまでの法則を一通り覚えた上で、アルファベットを読むと、gで「チューの口」にしたり、nで「後ろにヌ」を入れたり…変化を感じるはず！

レッスンを聴く!

まるでネイティブのような
英語の発音が身につく

そーた式
魔法の法則

№38

単語の頭を強く読んで
強弱を作る

Start by pronouincng the first letters of words strongly.

PRACTICE : 次の例文を声に出して読んでみましょう。

His bag is so big and cool! I love it.

㉃ 彼のバッグはとても大きくてかっこいいです。
私はそれがすごく好きです。

⧢それぞれの単語の"頭"を鋭く読む

1つ1つのアルファベットを"鋭く読む"イメージがつかめたところで、今度はそれを文に応用していきましょう。実は、この**"鋭く読む"音は文の強弱の「強」に当たる部分を担います**。この「強」の音が入ることにより、英語らしいリズムに近づきます。では、この「強」の音は文のどこに入るのでしょうか？　それは「**単語のそれぞれの頭**」です。

英語のリズムに慣れるまでは、まず"単語のそれぞれの頭"に「強」を入れるイメージで、文を読んでみてください。そして単語の後ろを尻すぼみで「弱」にして読みます。そうすれば自然と文に「強弱」がつきます。このような感じです。

His bag is so big and cool! I love it!

§次に母音が出てきたら音をつなげる

ここで大切なことを、もう1つご紹介します。本書の序盤でも触れた話ですが、文の中で次の単語が母音で始まるときは、**その母音に1つ前の単語の最後の音をくっつけて読む**ということです。これを**リエゾン**と言ったりもします。先ほどの例文を使って表すとこのような感じとなります。文はこうやってつながっていくのです。

His bag **i**s so big **a**nd cool! I love **i**t!
　　　↑母音 ↑母音　　　　↑母音

His　bag**is**　so　big**and**　cool!　I　lo**vei**t!
　　　↑くっつく ↑くっつく　　　　↑くっつく
　　ベェアッ**ゲ**ズ　ベッ**ゲェ**ァンヌ　ロー**ヴェッ**

すると、それぞれの"単語の頭を強く読む"というルールに少々補足を加える必要がありますね。先ほどは、それぞれの単語の頭を全て強く読んだので、このような読み方となっていました。

His **b**ag **i**s **s**o **b**ig **a**nd **c**ool! **I** **l**ove **i**t!

英語のリズムに慣れるまでは、このイメージでトレーニングしても問題ありません。ですが、英語のリズムに慣れてきたら少しずつ、母音と1つ前の音をつなげるリエゾンの読み方をした上で、「それぞれの単語の頭を強く読む」ルールを適応させてください。このようなイメージです。

His **b**agis **s**o **b**igand **c**ool! **I** **l**oveit!

この「リエゾン」と「それぞれの単語の頭を強く読む」を合体させた形が最も自然な文の読み方です。いわば、「まるでネイティブのような英語の発音」の最終形です。今すぐにマスターできなくとも、

「へ〜!　こんなふうにつながって、強弱をつけるんだ〜!」と理解できていれば、現段階では問題なしです。後は練習あるのみですね。

　それでは、ここまでの法則を意識して、少し難易度高めの文にチャレンジしてみましょう。

PRACTICE : 次の例文を声に出して読んでみましょう。

TRACK
102

I love him so much. I want to live with him forever.

㊙ 私は彼がすごく好きです。ずっと彼と一緒に暮らしたいです。

▶英語のリズムに慣れるまでの読み方

I love him so much. I want to live with him forever.

▶ 魔法の法則 No.01〜36 を全て取り入れた読み方

I love im so much. I wanna live with im forever.
※himのhが消える&前置詞（with）は小さく読む

▶母音とくっつけた読み方&その形で単語の頭を強く読む

I loveim so much. I wanna live within forever.

CHECK!

魔法の法則 No 38 〉 単語の頭を強く読んで強弱を作る

☑ 単語や文の中に「強」と「弱」をつくる

☑ それぞれの単語の頭を「強」で読む

☑ 単語の後ろは「弱」になる傾向

☑ 次に母音始まりの単語がきたらくっつけて読む

レッスンを聴く！

まるでネイティブのような
英語の発音が身につく

そーた式
魔法の法則

№39

単語を団子のように串で刺して落とさない

Don't pronounce each word separately, but connect words.

PRACTICE : 次の例文を声に出して読んでみましょう。

I am feeling happy today as everything is going alright.

訳 全てがうまくいっていて、今日は気分がいいです。

「強弱」の練習ができたところで、次は音をしっかり伸ばして、単語と単語の間に区切れを作らずに読む練習をします。題して、「**お団子エクササイズ**」です。

〣 単語と単語の間に区切れを作らない

まずは例文の I am feeling happy today の部分を使って練習してみましょう。チェックしてもらいたいポイントが、単語と単語の間に区切れができていないかということです。「区切れができている」とは、このようなイメージです。

I ▲ **a**m ▲ **f**eeling ▲ **h**appy ▲ **t**oday
区切れ　区切れ　　区切れ　　区切れ

仮にそれぞれの単語の頭を強く読むことができていても、このように単語と単語の間に区切れができてしまっていると、英語らしい発音にはならないのです。**英語の1つの文は、音がまるで1つの線で結ばれているようなイメージでひと続きにつながっています。**しかし、多くの学習者の英文の読み方には、単語と単語の間に区切れが存在してしまうことが非常に多いのです。

ここで比較の意味で日本語の特徴を見てみましょう。例えば、「わ

たしはきょうはきぶんがいいです」の日本語を読むとき、「わ」「た」「し」「は」「きょ」「う」…と1つ1つの音が分離しています。英語を読んだときに"単語と単語の間に区切れ"ができてしまう場合は、**その日本語の特徴を引きずったまま、英文を読んでしまっているのが原因**です。この分離した音を「くっつけるイメージ」で英文を読む必要があります。

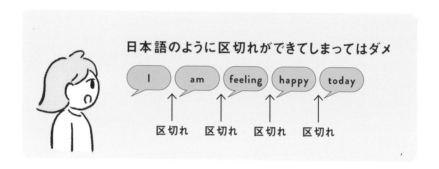

“串刺しされた団子”のイメージで読む

では、英文はどのように読むと音をくっつけて読むことができるのでしょうか。それは団子を串刺しするように、**単語を1本の串で突き刺すイメージを持って読む**ことです。そして**その単語を串から落とさない**。このような感じです。

I ---- am ---- feeling ---- happy ---- today

そして、この「-----」の串の部分は「ノド声」のパートだと思ってください。 魔法の法則 No.4 で学んだ**お疲れボイス**の「**ノド声**」を思い出してください。あの「あ゛ーーーーー」を常に言い続けたまま読むという感覚をもつと、単語と単語の間に区切れができなくなるのです。これが**"串刺しされた団子"のイメージで読む**ということです。団子＝単語で、串＝「ノド声」の「あ゛ーーーーー」ですね。

　この話し方に慣れるまでは、まず「あ゛ーーーー（串）」と声を出し、「あ゛ーーーー」と続けて、英単語（団子）を読み始めてみましょう。そして、**どの単語を読んでいるときにもこの「あ゛ーーーー」の音を出している感覚**を維持してください。

　つまり、どこで英文音読を止めても常に「あ゛ーーーー」の音が聞こえ続けていなければいけないということです。これは非常に大切なのですが、苦戦する学習者が多いので必ず TRACK 104 の音声と一緒に練習してみましょう。

▶「あ゛ーーーー」で串刺しされているイメージ　　　>>> TRACK **104**

あ゛ーー I ---- am ---- feeling --あ゛ーー-- happy ---- today --あ゛ーー

「あ゛ーーーー」の串で全て単語を串刺し！

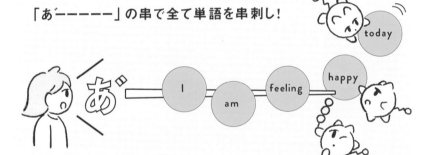

EXERCISE ： 次の例文をもう一度声に出して読んでみましょう。　　TRACK 103

I am feeling happy today as everything is going alright.

　全てがうまくいっていて、今日は気分がいいです。

▶それぞれの単語の頭を強く読むイメージ

I am feeling happy today as everything is going alright.

▶単語を串刺しして読むイメージ

あ゛ーー I — am — feeling — happy — today — as --あ゛ーー everything
– is — goin — alright -- あ゛ーー.

▶母音をつなげて、単語を串刺しして読むイメージ

あ゛ーー Iam -- feelin — happy —
アーイエェァーンム フィーレンヌ ヘェァッピー
today aseverythinis -- goinalright -- あ゛ーー.
トゥデーイエェァゼヴウェスェンネズ　ゴーウエンナー
ウァーィッ

　今後はいかなるときも、この"串刺しにされた団子"のイメージを
忘れないでください。I、am、happyのようなぶつぶつと切れたよう
な読み方を卒業し、英語らしいリズム感が身につくはずです。

CHECK!

魔法の法則 No.39 ＞ 単語を団子のように串で刺して落とさない

☑ 文を1つのつながりとして読む

☑ 単語（団子）を串（ノド声）でつないで落とさない

☑ 単語と単語の間を「ノド声」でつなぐ

僕のコーチング経験上、この「ノド声を出したままつなげて話す」はふと忘
れてしまう方が多い。本書の過去の例文も使って、多様な文で練習してや！

🎧 レッスンを聴く!

音楽を歌うように音の「高」「低」を入れる

Master falling and rising tones.

It was so hard to keep studying, but I am confident now.

㉺ 勉強し続けるのはとても大変でしたが、今は自信があります。

いよいよ最後の法則となりました。最後に英文に「**抑揚**」をつける練習をしてみましょう。これが終われば、文の「強弱」「リズム」「抑揚」が全て整います。

〳「高」「低」を意識する

日本語文には抑揚が少なく、例えるならば、"同じ音程"で歌を歌い続けている感じです。それと同じように英語を読んでしまうと、"英語らしい読み方"には聞こえなくなってしまうのです。では、どのように英語は読むべきなのでしょうか?

英文を読むときは、**英語を音楽と思って、「高い音」と「低い音」をあえて作ってあげるイメージ**で読んでみましょう。さらに言うと、その「高い音」と「低い音」の高低の差をなるべく大きくしてあげるのです。それでは、歌を歌うように音読練習を実際にやってみましょう。題して、「**歌唱エクササイズ**」です。

歌うイメージで「高」「低」を入れよう!

> **PRACTICE** 次の例文を「高→低」と「低→高」で読んでみましょう。　TRACK 106
>
> # It was so hard to keep studying.
>
>
>
> 訳 勉強し続けるのはとても大変でした。

まずは、高低差のない、つまり「抑揚のない」読み方を聞いてみてください。

▶**高低差のない読み方**　　　　　　　　　　　　　>>> TRACK 107

It was so hard to keep studying

次に「高低の差」をあえて作ってみましょう。

▶**目いっぱい「高い音」から目いっぱい「低い音」へ**

It was so hard to keep studying

Itを発音するときに《いつもの自分の読み方》よりも、なるべく「高い音」を出すイメージで読み始めます。そして、後ろにいけばいくほどどんどん「低い音」を出すようにしてください。最後のstudyingを発音するときには自分が出せる限界の「低い音」を出してみましょう。この「高低の差」をあえて作るイメージが抑揚の練習には大切なのです。

次に先ほどとは逆の、なるべく「低い音」を出すイメージで始めて、後ろにいけばいくほど「高い音」になるように読んでみてください。これはあくまでエクササイズなので、実際の英文ではここまでの「高低の差」をつける必要はありません。

▶ 目いっぱい「低い音」から目いっぱい「高い音」へ

It was so hard to keep studying

PRACTICE : 次の例文を「高→低」と「低→高」で読んでみましょう。 TRACK 108

but I am confident now.

㉑ でも、今は自信があります。

▶ いつもの読み方 >>> TRACK 109

but I am confident now

▶ 目いっぱい「高い音」から目いっぱい「低い音」へ

but I am confident now

▶ 目いっぱい「低い音」から目いっぱい「高い音」へ

but I am confident now

　どうでしょうか？　音楽を歌うイメージで、「高い音」と「低い音」を意識して読めましたか？　そして「自分はここまで高い音、低い音が出せるんだ!」と音域の幅、あるいは、音域の高低の差を確認できたでしょうか？

⸨「高」と「低」を入れる場所のポイント

　では英文のどこに「高」や「低」を入れるのでしょうか？　正直なところ、「高い音」と「低い音」を入れる場所にはこれといってルールがあるわけではありません。重要なことは**「高低の差を文に取り入れる意識」**です。

　ですが、ルールはないと言われても、「じゃあどうすればいいの…?」と困ってしまう人も多いですよね。ですので、「高い音を入れられる場所」、「低い音を入れられる場所」のポイントを挙げてみましょう。音読練習をする時の参考にしてみてください。

> **高い音を入れられる場所の例**
>
> ① 主語 (I / he / she / they / this / Tom など)
> ② 強調する言葉 (so / very / really など)
> ③ 時を表す言葉 (now / today / yesterday など)
> ④ 自分が感情を込めたいところ
>
> **低い音を入れられる場所の例**
>
> ① 主語
> ② 文の終わり
> ③ 高い音を入れた後ろ

　では、この表を参考に実際に「高」、「低」をつけて読んでみましょう。

EXERCISE　次の例文をもう一度声に出して読んでみましょう。　TRACK **105**

It was so hard to keep studying, but I am confident now.

㊨ 勉強し続けるのはとても大変でしたが、今は自信があります。

文章の主語は「高」で読み始めても良いですし、「低」で読み始めてもよいです。**コツは「高い音」を入れた後は意識的に「低い音」にもっていく**。あるいは**「低い音」を入れた後は意識的に「高い音」にもっていく**。その「高」「低」を交互に織り交ぜていくことです。

▶It was so hard to keep studying 　　　　　　　　　　　>>> TRACK **110**

※主語（It）や強調する語（so）や自分が感情を込めたいところ（hard）を高く
　読む例。

▶It was so hard to keep studying

※主語（It）を低く読み始め、自分が感情を込めたいところ（keep）を高く読
　む例。

▶but I am confident now

※主語（but I あたり）を低く読み始め、自分が感情を込めたいところ
　（confident）を高く読み、その後ろをグンと低く読む例。

▶but I am confident now

※主語（but I あたり）を高く読み始め、その後ろをグンと低く読み、自分が
　感情を込めたいところ（confident）を高く読む例。

 これを全て混ぜて読むと…

▶It was so hard to keep studying, but I am confident now.

※自分の好きなように「高」「低」を混ぜてOK!

　このように歌を歌うイメージで「高低の差」を入れると、英文に抑揚が生まれます。そして 魔法の法則 No.37〜40 までの「強弱」、「リズム」、「抑揚」を全て取り入れて読めるようになると、劇的に英語らしい読み方になります。

　慣れるまではまずは1つずつ「強弱」、「リズム」、「抑揚」を分けて練習するほうがよいのですが、上達してきたらその3つを同時に意識して読んでみてください。そして、どんなときも 魔法の法則 に出てきた全てを意識し英語に磨きをかけていってください。そして、今までに出てきた例文をもう一度全て読み直してみてください。きっといろいろな「新たな意識」が生まれて、最初に読んだときと比べて読み方に大きな変化が生まれているはずです。

CHECK!

魔法の法則 No.40 ＞ 音楽を歌うように音の「高」「低」を入れよう

☑ **英語を音楽と思って、「高」「低」をつけて読む**

☑ **「高」「低」を取り入れる意識が大切**

☑ **「高」「低」を入れる場所にルールはない**

そーたのアドバイス！

本当にお疲れ様でした。本書は最初に戻って何度も読み直せば読み直すほど、法則を再確認できるよう作ってるで！ それも楽しんでや！

例文の一覧 LIST OF ENGLISH SENTENCES

CHAPTER 1 発声編

日本語のノドを英語のノドに変える魔法

TRACK
111

魔法の法則 No.01 口は大げさなくらいに開く

○ Hi, I am Tim.
㋬ こんにちは、私はティムです。

魔法の法則 No.02 音をしっかり伸ーばーす

○ How are you? Are you OK?
㋬ 元気ですか? 大丈夫ですか?

○ This is wonderful. I love it!
㋬ すごい。すごく気に入りました!

○ I was working so hard.
㋬ すごく一生懸命がんばったんです。

魔法の法則 No.04 「お疲れボイス」でノドを開く

○ I am tired today, so I will go to bed now.
㋬ 今日は疲れたので、もう寝ます。

魔法の法則 No.05 気分は「イケボ」で低い声を意識

○ I like to study English and play tennis.
㋬ 英語の勉強とテニスが好きです。

CHAPTER 2 母音のズレ編

日本語のあいうえおを英語のアイウエオにする魔法

TRACK
112

魔法の法則 No.06 母音を巧みにズラす

○ This is his hat.
㋬ これは彼の帽子です。

○ He listens to the song.
㋬ 彼はその歌を聞きます。

○ Emily is having dinner.
㋬ エミリーは夕食中です。

魔法の法則 No.07 ア (a) はアとエの間のエアにズラす

○ Sam became happy after his cat came back home.
㋬ サムはネコが家に帰ってきてうれしくなりました。

魔法の法則No.08　イ (i) はエにズラす

- She hit the ball.
  - (訳) 彼女はボールを打ちました。
- He will play tennis.
  - (訳) 彼はテニスをする予定です。
- This episode is interesting.
  - (訳) このエピソードは面白いです。
- I decided to go.
  - (訳) 私は行くことに決めました。
- My sister gives her cat some milk every morning.
  - (訳) 姉は毎朝ネコにミルクをあげます。
- My situation is different from his (situation).
  - (訳) 私の状況は彼とは異なります。

魔法の法則No.09　ウ／ウー (u) はイウにズラす

- It took time to choose a good cap.
  - (訳) 良い帽子を選ぶのに時間がかかりました。

魔法の法則No.10　エ (e) は「お疲れボイス」でエにズラす

- I say "I like eggs and pens" to my friend every day.
  - (訳) 私は毎日友だちに「卵とペンが好きだ」と言います。

魔法の法則No.12　O (ア) とU (ア) は「お疲れボイス」でアのまま

- My mom loves nuts.
  - (訳) 母はナッツが大好きです。
- I cut up a pumpkin.
  - (訳) 私はカボチャを切り刻みました。

CHAPTER 3　アルファベット編
ネイティブっぽさをグンと UP させる魔法

TRACK
113

魔法の法則No.13　3種類のT① Tの後ろに母音が来たらTはラ行に変身させる

- This computer is better, but I think it's too big.
  - (訳) このコンピューターの方が良いけれど、大きすぎると思います。
- I wrote a letter but it is too long, so I will write it again.
  - (訳) 手紙を書きましたが、長すぎるので書き直すつもりです。

魔法の法則No.14　3種類のT② Tの後ろに母音がないときはサッと消す

- That computer is what my mom bought last Sunday.
  - (訳) あのコンピューターは母がこの前の日曜日に買ったものです。

○ I cut the little apples and tomatoes and put them on the beautiful plate.

㊙ 私は小さいリンゴとトマトを切って、きれいなお皿に盛りました。

魔法の法則No.15　3種類のT③　Nの後ろのTはナ行に変身させる

○ I had an interview at a famous international company last week.

㊙ 私は先週、有名な国際企業の面接を受けました。

○ I went to the center to sit on the chair and I've been there twice now.

㊙ 私はイスに座るためにそのセンターに行ったので、
そこには今のところ2度行ったことになります。

魔法の法則No.16　単語末のTDGはよく消えると心得る

○ Nate likes singing that song, but it's sad that he can't sing very well.

㊙ ネイトはその歌を歌うのが好きですが、残念なことにあまり上手に歌えません。

○ I'm watching movies and my mom is cooking breakfast now.

㊙ 今、私は映画を見ていて、母は朝食を作っています。

魔法の法則No.17　Nの後にはヌを入れて、Mはンムで読む

○ My son looks like my mom.

㊙ 息子は私の母に見た目が似ています。

○ I go to the station to meet my friends on Sunday.

㊙ 私は日曜日に友だちに会いに駅へ行きます。

○ Tom came to talk to my mom.

㊙ トムは母に話をしに来ました。

魔法の法則No.18　ing形の音は全てエンヌで読む

○ I'm doing my homework.

㊙ 私は宿題をしています。

○ I'm eating bananas.

㊙ 私はバナナを食べています。

○ I'm asking about it.

㊙ 私はそのことを聞いています。

魔法の法則No.19　単語末の「ション」は「シェン」にズラす

○ I am on vacation.

㊙ 私は休暇中です。

○ I have a question.

㊙ 質問が1つあります。

○ This is my decision.

㊙ これは自分で決めたことです。

魔法の法則No.20　アウの音は全てエアーウにズラす

- How can you do that?
  - (訳) それはどうやるとできるのですか?
- Get out now!
  - (訳) 今すぐ出て行け!

CHAPTER 4　アルファベット編
日本人が苦手な定番の音をマスターする魔法

TRACK 114

魔法の法則No.21　2種類のL①　Lは舌先に全集中して鼻声で読む

- Actually, I lost my wallet, and I am looking for it.
  - (訳) 実は財布をなくして、探しているんです。

魔法の法則No.22　2種類のL②　単語末にあるLはオに変身させる

- I will tell you later.
  - (訳) 後で教えます。
- I love the cool oil.
  - (訳) そのイケてる油が大好きです。

CHAPTER 5　大切なRの発音編
Rの音がキレイに出せる魔法

TRACK 115

魔法の法則No.25　Rはアヒル口の「ウー」でぶりっ子する

- Do you know her? Her words hurt me.
  - (訳) 彼女を知っていますか? 彼女の言葉に傷つきました。

魔法の法則No.27　2種類のR①　舌を大きくゆっくり巻くRをマスターする

- My heart is beating fast.
  - (訳) 心臓がドキドキしています。

魔法の法則No.28　2種類のR②　舌を早く巻くRをマスターする

- Her words hurt me.
  - (訳) 彼女の言葉に私は傷つきました。

魔法の法則No.29　Rは舌を巻いて! アヒル口で! 固定して! 3秒伸ばす!

- I worked out in the park yesterday, so my arm hurts.
  - (訳) 昨日、公園で運動したので、腕が痛みます。

魔法の法則No.30　軽く巻くだけでOKのRをマスターする

○ This room is strange and crazy!

　(訳) この部屋は奇妙で狂っている!

○ I will go back to America!

　(訳) 私はアメリカに帰ります。

○ This room's light is strange and crazy!

　(訳) この部屋の明かりは奇妙で狂っている!

○ I will go back to London.

　(訳) 私はロンドンに帰ります。

CHAPTER 6　　大切な口のカタチ編

日本語にはない口の動きをマスターする魔法

TRACK 116

魔法の法則No.31　ch／sh／gはチューするときの口に動かす

○ Don't touch the shirt! I should change it.

　(訳) シャツに触らないで! 着替えなければいけません。

魔法の法則No.32　W(ワ行)にはウを入れ、チューするときの口に動かす

○ We will work at that company one day.

　(訳) 私たちはいつかその会社で働くつもりです。

○ We wish we could wash this really smelly shirt.

　(訳) 私たちみんな「このひどく臭うシャツを洗えたらなぁ」と思っています。

魔法の法則No.33　BやPは唇をブンブンはじく

○ The book I borrowed from a pig is pretty big.

　(訳) ブタから借りた本はとても大きいです。

CHAPTER 7　　よく使う単語編

よく使う単語の発音を激変させる魔法

TRACK 117

魔法の法則No.34　Theはダ／ナで読んであまり目立たせない

○ I need a new bag, and I like the one in the window.

　(訳) 新しいバッグが必要で、ショーウィンドウのものが気に入りました。

○ Did you watch the movie?

　(訳) その映画を見ましたか?

○ I went to the park to meet the boy.

　(訳) 私はその男の子に会いに公園に行きました。

○ The book was one of the things I bought.

　(訳) その本が私が買った物の1つでした。

○ And there is a key on the table.
　(訳) そしてテーブルの上に鍵があります。

○ I was playing tennis in the park.
　(訳) 私は公園でテニスをしていました。

○ The book I saw at the store was big.
　(訳) その店で見た本は大きかった。

○ The meaning of the word is in the book.
　(訳) その言葉の意味はその本に書かれています。

魔法の法則No.35　ルと読むToをマスターする

○ What time did you go to bed last night?
　(訳) 昨夜は何時に寝ましたか?

○ I'm trying to understand your words.
　(訳) あなたの言っていることを理解しようとしているのですが。

魔法の法則No.36　him/herのHは消すときもある

○ I told him to go to school.
　(訳) 私は彼に学校に行くように言いました。

○ I talked with him last night.
　(訳) 私は昨晩、彼と話しました。

○ I tell her to study English every day.
　(訳) 私は彼女に毎日英語を勉強するように言います。

CHAPTER 8　文全体の質編
抑揚・リズム・強弱で文の音を整える魔法

TRACK **118**

魔法の法則No.38　単語の頭を強く読んで強弱を作る

○ His bag is so big and cool! I love it.
　(訳) 彼のバッグはとても大きくてかっこいいです。私はそれがすごく好きです。

○ I love him so much. I want to live with him forever.
　(訳) 私は彼がすごく好きです。ずっと彼と一緒に暮らしたいです。

魔法の法則No.39　単語は団子のように串で刺して落とさない

○ I am feeling happy today as everything is going alright.
　(訳) 全てがうまくいっていて、今日は気分がいいです。

魔法の法則No.40　音楽を歌うように音の「高」「低」を入れる

○ It was so hard to keep studying, but I am confident now.
　(訳) 勉強し続けるのはとても大変でしたが、今は自信があります。

英語のそーた　Eigo no Sota

英会話コーチ、英語学習コンテンツクリエーター、英会話ラジオパーソナリティー。神戸市外国語大学外国語学部卒業。「留学はしなくても英語は絶対に話せる」のメッセージを掲げ、大学在学中にSNSやYouTubeを通して英語学習コンテンツの作成・配信を開始。その後、2014年に学生起業。代表を務める「オンライン英会話OneWay」では、英語だけではなくコミュニケーションの根本から見直すコーチングを実施。日本全国・世界各国から受講生が集まっている。高校/大学/一般向けの英会話セミナーも多数開催。5年間司会を務めるPodcastラジオ番組「台本なし英会話レッスン」は2000万DL突破。英語の楽しさ&英語の先にあるモノを配信中。

PRODUCTION STAFF

本文イラスト	カヤヒロヤ
ブックデザイン	新井大輔　中島里夏（装幀新井）
企画編集	髙橋龍之助（学研）
編集協力	日本アイアール株式会社
校正	高山春花
英文校閲	Chris Clyne
制作協力	木村叡　留森桃子（学研）　村木渓太
販売担当	森康文　野上亜里沙（学研）
音声収録	Nate Helman
データ作成	株式会社 四国写研
印刷	株式会社 リーブルテック

読者アンケートご協力のお願い

この度は弊社商品をお買い上げいただき、誠にありがとうございます。本書に関するアンケートにご協力ください。右のQRコードから、アンケートフォームにアクセスすることができます。ご協力いただいた方のなかから抽選でギフト券（500円分）をプレゼントさせていただきます。

アンケート番号　305259　※アンケートは予告なく終了する場合がございます。